외국어 뉴스룸 24시

한반도를 세계와 연결하다

뉴스통신진흥총서 15

외국어 뉴스룸 24시

한반도를 세계와 연결하다

국가기간뉴스통신사
연합뉴스

한반도를 세계와 연결하다
외국어 뉴스룸 24시

Contents 목차

NEWS

한반도를 세계와 연결하다
외국어 뉴스룸 24시

발간사

　연합뉴스는 대한민국을 대표하는 뉴스통신사로서 40년 가까운 세월 동안 영어 등 외국어 뉴스를 통해 한국을 나라 밖으로 알려왔습니다. 특히 지난 2003년 국가기간뉴스통신사로 지정된 이후에는 영어뿐만 아니라 중국어, 일본어, 스페인어, 프랑스어, 아랍어 등 6개 외국어로 뉴스를 생산하고 있습니다.

　한국을 전 세계에 알리는 공적 임무를 수행하고 있는 외국어 뉴스 기자들은 국내 다른 언론사에서는 찾아볼 수 없는 연합뉴스만의 자랑입니다.

　연합뉴스의 24시간 외국어 뉴스 서비스는 한국인의 시각을 바탕으로 국내 다른 어떤 외국어 뉴스 미디어보다 더 신속, 정확하게 전파함으로써 정보주권을 실현하는 첨병 역할의 상징과도 같습니다.

　또한 해당 언어권의 정서와 문화를 고려한 보도로 외국의 뉴스 소비자들에게 한국 언론의 수준 높은 자산을 과시하고 국격을 높이는 데도 일조하고 있습니다.

　이 책에 담긴 외국어 뉴스 기자들의 치열한 취재 노력들을 살펴보는 것은 이들이 전 세계를 대상으로 한 뉴스를 다루면서 한순간도 긴장의 끈을 놓지 못하고 있다는 것을 새삼 깨닫게 할 것입니다.

　또한 일반 기자들과는 달리 외국어 뉴스 기자들만이 겪는 특별한 세계를 경험하는 시간이 될 것입니다.

　지금 이 순간에도 취재 현장에서 구슬땀을 흘리고 있는 연합뉴스 외국어 뉴스 담당 기자들과 에디터, 외국인 카피 리더들과 이 책을 만드는 데 힘써 주신 모든 분들께 감사의 말씀을 드립니다.

2017년 6월
연합뉴스 대표이사 사장　박 노 황

들어가는 글

뉴스통신사(news agency)는 '지면 없는 신문, 채널 없는 방송'으로 불렸다. 인터넷 포털 뉴스 서비스가 활발한 지금에야 그 이름이 많은 사람에게 알려졌지만 불과 몇 십 년 전만 해도 종이 신문이나 방송에 가려 존재 자체가 독자들에게 잘 알려지지 않았다.

하물며 그러한 국내 뉴스통신사가 외국어로 된 뉴스를 생산하고 있는지, 생산한다면 그 뉴스는 어떤 경로로 유통되고 있는지는 한국에 주재하는 외신기자들이 아니면 잘 모른다고 해도 과언이 아닐 것이다.

연합뉴스는 1981년 영문 기사 송출을 시작으로 중국어, 일어, 아랍어, 스페인어, 프랑스어의 6개 외국어기사를 해외 고객사와 독자들에게 제공해 왔다. 지난 세월의 무게만큼이나 연합뉴스가 외국어로 내보낸 기사의 양과 취급했던 한반도 관련 주요 이슈는 매우 많고 다양하다.

국내가 아닌 해외 언론과 독자를 대상으로 내보내는 연합뉴스 외국어기사는 지난 세월 동안 내보냈던 보도물의 역사적 기록 가치뿐만 아니라 실시간 기사의 장점까지 더해 활동 영역을 넓혀가고 있다.

'언론의 언론', '뉴스의 도매상'인 뉴스통신사는 서구에서 탄생할 때부터 전 세계를 상대로 뉴스를 전달할 목적으로 만들어졌고, 영어를 비롯한 여러 공용 외국어가 그 매개 역할을 담당해 왔다.

그런 의미에서 먼저 근대 뉴스통신사의 역사를 간단하게 살펴보는 것이 전체적인 맥락에서 깊이 있게 이해하는 데 도움이 되리라 생각한다.

근대 뉴스통신사, 외국어뉴스 번역으로 시작

근대 뉴스통신사의 효시는, 1825년 샤를 루이 아바스^{Charles Louis Havas}라는 프랑스인이 자신의 이름을 따 설립한 기업이다. 이 기업은 1835년 정식으로 아바스 통신사로 탈바꿈한다.

미국의 AP와 영국의 로이터^{Reuters}에 이어 세계 3대 통신사로 불리는 AFP(Agence France-Presse)의 모태는 바로 이 아바스 통신사이다.

19세기 초반 설립된 아바스가 처음 시작한 일은 주요 해외 언론사의 기사를 프랑스어로 번역해서 고객들에게 전달하는 서비스였다. 당시만 해도 전신이 발명되기 전이었고, 프랑스 신문들은 별도로 외국 언론사 보도를 취급하지 않았기 때문에 아바스가 제공하는 빠른 해외뉴스 서비스는 상당한 성공을 거두었다고 전해진다.

전 세계가 인터넷망으로 실시간 연결되고 각국의 언론사가 여러 외국어로 기사를 자체 송출하고 있는 현 시점에서 본다면 마치 석기시대를 연상케 하지만 당시에는 상업적으로나 공공성으로나 매우 현실적이고 유용한 가치를 실현했다고 할 수 있다.

한편 19세기 초반 창립한 아바스와 비슷한 시기에 만들어진 국제 뉴스통신사들 역시 서구 제국이 경영했던 식민지 농산물의 가격 변동을 영어라는 국제 공용어로 본국과 주요 시장에 정확하게 전달하면서 영업을 시작했다는 사실 또한 주목할 만하다.

그러던 국제 뉴스통신사들이 영어로 전 세계를 커버하겠다는 목표를 넘어서서 다양한 외국어기사를 통해 현지화한 뉴스를 실시간으로 제공한 지도 꽤 오래됐다.

연합뉴스 역시 창립 이듬해 영문 기사를 동남아시아, 아프리카, 중동지역에 송신하기 시작해서 1988년 서울올림픽 이듬해에는 자체 영어 기사를 50개 해외 외교 공관에 제공하며 서비스 규모를 확장하기 시작했다.

이어 각국 주요 통신사들과 잇달아 뉴스교환계약을 체결하면서 연합뉴스 영어 기사는 한국 소식을 우리의 시각으로 해외에 내보내는, 일종의 플랫폼 역할을 담당해 왔다. 이로 인해 한국 내 영어언론의 수준을 한 단계 끌어올리는 데 일조했다는 평가를 받고 있다.

지난 40년 가까운 세월 동안 연합뉴스가 해외에 제공한 영어 기사는 한국 소식을 전 세계에 알리는 일을 더 이상 외신에만 의존하지 않아도 될 만큼 성장했다. 오히려 이제는 우리 시각을 담은 외국어뉴스를 주도적으로 내보내면서 외국인들이 가진 편견과 왜곡된 시각을 바로잡을 수 있는 균형 잡힌 소식을 전파하는 위치까지 왔다고 할 수 있다.

2000년 1월 영어뉴스 인터넷 서비스 개시, 2004년 4월 중국어 서비스 출범을 비롯해 이듬해 6월 일본어, 2006년 6월 아랍어, 2007년 9월 스페인어, 2009년 10월 프랑스어 뉴스 송출로 연합뉴스는 6개 외국어 서비스 시대를 열며 국제적 뉴스통신사로 발돋움해 왔다.

연합뉴스 외국어뉴스를 말하다

이 책의 출간 의도는 전 세계가 인터넷을 통해 실시간으로 연결되는 현실에서, 한국에서 태어나 모국어가 아닌 외국어로 직접 기사를 쓰고 해외 독자들과 소통하는 토종 외국어 기자들이 가진 저널리즘은 무엇이고, 현장 경험은 어떤 것이 있는지 독자들과 공유하기 위해서이다.

일반 독자들에게 잘 알려지지 않은 외국어 기자의 삶과 연합뉴스 외국어 서비스가 걸어온 길을 살펴보고자 한다.

더욱이 유수의 국제 뉴스통신사들이 외국어기사의 지평을 넓혀가고 있는 현 시점에서 한국의 정보를 어떻게 하면 우리 시각에서 종합적이고도 객관적인 방식으로 내보내 해외 기관, 독자들의 신뢰를 얻을 것인가에 대한 연합뉴스 외국어뉴스 구성원들의 고민을 널리 공유해 보고자 하는 바람도 있다.

연합뉴스는 6개 언어의 외국어뉴스를 국내 어느 언론사보다 빠르고 정확하게 해외로 전달하고 있다. 또한 단순 번역의 지평을 뛰어 넘어 세계적 통신사의 길로 접어들었다고 자부한다.

특히 외신기자가 아닌 한국인 기자로서 국내 상황에 대해 좀 더 넓은 정보 접근권을 가지고 현장에서 취재한 다양하고 객관적 정보를 전달할 수 있다는 장점이 외신 또는 한글 기사 번역을 위주로 하는 타 언론사 기사와는 다른 차원의 서비스 품질을 보장하고 있다.

돌이켜 보면, 연합뉴스 외국어기사는 국내에 존재하는 상업적 외국어서비스 또는 방송 콘텐츠 위주의 외국어서비스와는 명백한 차별성을 가지고 해외 유력 통신사와 어깨를 나란히 할 정도로 성장을 거듭해 왔다.

그런 측면에서 외국인의 시각과 그들의 관심 사항에 초점을 맞춘 기사뿐만 아니라 한국 사회가 당면하고 있는 주요 문제나 이슈들을 신속하고, 정확하며, 신뢰성을 갖춘 균형 잡힌 방식으로 전달한다는 당위적 사명을 어떻게 이행해 왔는지 이 책을 통해 들여다보고자 한다.

이 책은 언론의 역할과 사명에 대한 여러 가지 일반론을 바탕으로 외국어 저널리즘이란 과연 어떤 것인지, 그리고 외국어뉴스를 지금까지 어떤 방식으로 해왔는지 각 언어의 기자들이 직접 경험한 에피소드를 중심으로 풀어놓았다.

'언어는 그 나라의 문화를 대변한다.'는 말이 있다. 각각의 다른 언어권 독자들은 그들만의 독특한 역사와 문화적 취향을 가지고 있어 기사를 풀어나가는 방식도 각자 다르다. 뿐만 아니라 현상을 이해하는 논리와 용어 또한 주의를 기울이지 않으면 쉽게 전달하기 어렵다.

토종 외국어기자 외신과 경쟁하다

전반부는 외국어뉴스 제작의 기본 과정과 외국어 저널리즘에 대한 기초적인 성찰을 위주로 하고 있다. 외국 매체와의 비교를 통해 지금까지 일반 독자들이 잘 몰랐던 사실들을 주요 사안별로 정리하는 데 중점을 두었다.

그리고 우리가 지켜야 할 정보주권의 개념은 무엇이며, 어떤 기사가 외국 언론까지 움직일 정도의 파괴력을 가졌는지, 국가기간뉴스통신사로서의 지위는 무엇이며, 그 해외 사례는 어떤 것이 있는지, 그리고 외국어 서비스가 가진 공적기능의 범주는 어떤 것인지에 대한 성찰도 담고 있다.

제2장을 구성하는 내용은 다섯 가지 영역으로 나뉜다. 외국 언론을 움직인 기사, 북한 이슈 보도, 외국어 기자의 취재 현장 경험, 외교 현안의 중심에서 해온 역할과 외부 수용자들의 반응 등이다.

제일 먼저 주목해야 할 부분은 외부에 잘 알려지지 않았지만 외국어로 뉴스를 전하는 연합뉴스 기자들이 어떤 특종과 단독 보도를 했는지 알 수 있는 에피소드들이다. 김정남 피살에서 강정호 미국 진출까지 대표적인 사례를 망라했다.

우리가 내보내는 외국어기사를 해외 주요 언론사들이 전 세계를 상대로 전파하는 보도물과 양적이나 질적으로 수평 비교하기는 어렵다. 그러나 한국과 관련된 소식을 전달함에 있어서 연합뉴스가 가진 장점이 취재원에 대한 수월한 접근성과 신속한 정보전달이라고 할 때 연합뉴스 외국어 구성원들이 지금까지와는 차원이 다른 방식으로 국·내외에 필요한 정보들을 전달하고 있음을 제2장 1부에서 엿볼 수 있다.

두 번째 분야는 북한 소식이다. 특히 한국에 관심을 가진 외국인들에게 북한 이슈야말로 제일의 관심사가 아닐 수 없다. 특히 북한 관련 섹션은 연합뉴스 외국어뉴스 독자 통계에서도 전 분야를 통틀어 가장 많은 방문수를 기록하고 있다.

21세기 한반도 정세는 트럼프가 당선된 미 대통령 선거 이후 정치, 경제 분야 등 전 분야에서 일대 변화를 예고한다. 북한의 핵실험, 탄도미사일 발사 등의 도발이 일상화된 상황에서 이에 대응하는 한반도 주변국들의 움직임도 예사롭지 않다.

북한 뉴스와 관련한 독보적인 존재감은 *꾸준한* 보도와 양질의 외국어기사로 내보내는 정확한 정보에서 나온다. 제2장 2부를 구성하는 북한 소식 관련 에피소드에서는 남북관계의 중요한 고비에서 외국어뉴스 기자들이 어떻게 정보를 취득하고 전파하는지, 그 과정의 우여곡절은 어떠했는지 생생하게 알아볼 수 있다.

이런 부분에서 한 가지 아쉬운 점은 연합뉴스 외국어가 북한뉴스 분야에서 우월적 지위를 누릴 수 있게 했던 'Vantage Point'라는 영자 북한 정세분석 월간지가 있었지만 지금은 존재하지 않는다는 사실이다. 국내 유일의 영어로 된 북한 전문 월간지로서 역사적인 가치뿐만 아니라 많은 외국인 북한 전문가들의 논문에 인용될 정도로 가치가 있었지만 예산 문제로 제호 39호를 마지막으로 2016년 1월 아쉽게도 폐간되고 말았다.

세 번째 묶음에 실린 에피소드들은 '검은 머리의 외국인'이 아닌, 한국에서 나고 자란 '토종 한국인 외국어 기자'들이 어떻게 취재하고, 어떻게 기사를 외국어로 신속하게 송고하는지를 보여주려고 노력했다.

특파원으로 워싱턴 정가를 누빈다거나, 1분 1초 차이가 어마어마한 손실과 이익을 가져다주는 금융시장 정보를 영어로 내보내는 손 떨림, 좌초한 중국 어선에 가족이 승선하고 있었는지 여부를 물어보는 메일에 출입처 담당부서를 친절하게 연결해 걱정을 덜어준 세심함, 그리고 세월호 침몰 현장 소식을 해외 외국어 방송에 직접 리포트하며 가슴 아파했던 현장 경험들이 진솔하게 펼쳐진다.

외국어를 주로 다루는 기자들 입장에서 북한 이슈와 마찬가지로 매우 중요하게 다루어야 할 분야는 외교 이슈다. 제2장의 마지막은 바로 외교 분야에서 어떤 취재를 하고, 어떻게 정보를 습득하는지 보여주고 있다.

원하는 답변을 듣기 위해 반기문 유엔 사무총장이 묵는 호텔 앞에서 끈질기게 버티거나 오바마 미국 대통령 인터뷰를 성사시키기 위해 발품을 파는 것은 기자사회에서 흔한 일이라고 할 수 있다. 하지만 이 또한 많은 노력과 열정이 필요하고, 이를 외국어로 내보내기 위해 어떤 과정을 거쳤는지 알아보는 것도 흥미로운 일이라고 하겠다.

마지막으로 제3장에서는 한국 소식을 접하는 수용자의 입장에서 연합뉴스 외국어뉴스의 장점과 저널리즘적 가치, 한국을 바라보는 창으로서의 연합뉴스, 그리고 정부 외교당국 또는 경제부처의 입장에서 본 외신을 비롯한 외국어뉴스의 기능과 역할은 무엇인지 살펴보았다.

오늘날 다양한 소셜미디어와 동영상 채널의 발달, 인터랙티브 뉴스의 발전은 수용자들과의 소통 시간과 거리를 짧게 하고 있으며, 뉴스통신사의 기존 고객사 와이어 서비스를 넘어서는 또 다른 지평의 뉴스 전달 공간을 열고 있다.

이런 측면에서 한반도를 둘러싼 정보 전달 시장은 더 많은 외국어뉴스 기사와 다양한 플랫폼을 통한 소통을 요구하고 있기도 하다.

연합뉴스 외국어서비스는 6개 언어로 영문 워싱턴 특파원 한 명을 포함한 60여 명의 인력이 24시간 송고체계를 가동하고 있다. 하지만, 유수 통신사의 외국어 서비스와 견줘 볼 때 해외 서비스의 근간인 영문 특파원 인력이 턱없이 부족한 상황이다. 또한 각 언어의 기자 인력도 상당히 모자란 형편이다.

그럼에도 불구하고 연합뉴스 외국어 기자들은 이 같은 양적인 한계를 벗어나기 위해 다양한 시도를 지속적으로 하고 있으며, 현장에서 외국어 기자로서 겪을 수밖에 없는 어려움을 극복하는 데 많은 노력을 기울이고 있다.

연합뉴스 외국어부문 편집위원회

Journalism

PART 1

뉴스통신사 저널리즘

뉴스통신사 외국어 저널리즘
연합뉴스 외국어뉴스의 저널리즘적 가치
정보주권과 공적기능
한국을 보는 해외 언론의 시각과 관점차

뉴스통신사 외국어 저널리즘

뉴스통신사의 저널리즘과 일반 언론의 저널리즘 본령이 서로 다른 건 아니다. 다만 전통적으로 뉴스통신사는 고객사인 언론사에 뉴스를 공급하고 수신 언론사는 필요한 뉴스를 다시 가공해 지면이나 방송, 인터넷에 내보낸다는 점에서 '뉴스의 원천' 또는 '뉴스 시장의 도매상'으로서의 뉴스통신사가 가지는 저널리즘적 가치에는 미세한 차이가 존재할 수 있다.

> "뉴스통신사는 신문이라는 매스미디어 산업이 어느 정도 기반을 잡고 경쟁체제를 이룩한 연후에야 비로소 그 필요성이 발생한다. [⋯] 신문의 취재력을 보완해 주고 그들이 필요로 하는 모든 종류의 기사를 제공한다."[1]

일반적으로 저널리즘이란 사실을 파악하고 그에 대한 정보를 수집해서 공공에 알리는 행위 전반을 지칭하는 용어이다. 사실에 근거한 진실을 말하고 공공의 이익을 위한다는 점이 저널리즘의 가장 중요한 가치이고, 대부분의 통신사는 이를 기본 원칙으로 지켜가고 있다.

---

1) 이문호(2012), 『뉴스통신사 24시』 개정판, 커뮤니케이션북스, 59p.

세계 주요 뉴스통신사 사례

미국의 AP는 "170년 동안 뉴스를 전달하고 전 세계의 굵직한 기사를 커버해 왔으며 언제나 객관적이고 정확한 저널리즘이라는 최고의 기준에 헌신하고 있는" 독립적 언론매체라고 홈페이지에 자사를 소개하고 있다.[2]

프랑스 통신사인 AFP(Agence France-Presse) 또한 자사의 역할을 "국제적인 통신사로서 빠르고, 확인된, 그리고 완전한 정보를 비디오, 텍스트, 사진, 멀티미디어, 그래픽으로 전달한다."[3]고 밝히고 있다.

'바른언론 빠른통신'을 자임하는 국가기간뉴스통신사 연합뉴스 또한 이들 국제적 통신사와 마찬가지 임무를 수행하고 있음을 사시(社是)를 통해 밝히고 있다.

> "진실을 신속 정확 자유롭게 보도하며 공정한 논평을 통해 정론의 초석이 된다. 품위와 책임있는 사회공기(社會公器)로서 창의력을 다하여 국가발전과 문화창달에 이바지한다. 국가 간의 뉴스교류를 촉진하여 상호이해를 증진하고 인류복지 향상에 힘쓴다."

고전적인 의미에서의 저널리즘은 사실에 입각한 진실을 추구하고 공공성을 실현하는 데 초점을 맞추고 있다. 해외 유수의 통신사들과 연합뉴스가 이런 고전적인 의미의 저널리즘에 빠르고 정확하게 뉴스를 전파한다는 점을 추가한 것이다.

---

2) "For 170 years, we have been breaking news and covering the world's biggest stories, always committed to the highest standards of objective, accurate journalism.", https://www.ap.org/about 2017년 3월 20일 조회

3) "L'Agence France-Presse (AFP) est une agence de presse mondiale fournissant une information rapide, vérifiée et complète en vidéo, texte, photo, multimédia et infographie", http://www.afp.com/fr/propos-de-lafp, 2017년 3월 20일 조회

오늘날은 인터넷과 스마트폰의 활성화로 뉴스를 전파하는 환경이 가히 혁명적인 수준으로 바뀌었다. 이런 상황에서 기존의 저널리즘적 가치와 더불어 신속성과 정확성을 강조해 온 뉴스 통신사의 저널리즘은 전통적인 언론 매체들도 공유해야 할 기본적 가치로 불릴 만하다.

저널리즘의 고전적 가치와 외국어뉴스

물론 전통적인 의미의 저널리즘이 견지해 온 가치의 중요성은 매번 강조해도 부족함이 없다. 서구 사회에서 저널리즘을 연구해 온 학자들의 의견도 일치한다.

제4의 권력이라고도 불리는 언론의 기본적인 역할은 민주주의 사회에서 '표현의 자유'를 비롯한 시민들의 다양한 활동에서의 자유를 지키는 것에서부터 시작한다.

> "저널리즘의 중심 목적은 진실을 말하는 것이다. 그래서 시민들이 자치(自治)하는 데 필요한 정보를 가질 수 있도록 하는 것이다."

시카고 트리뷴을 발행하는 트리뷴사(Tribune publishing company)의 사장이었던 소설가이자 변호사인 잭 풀러Jack Fuller 씨의 말이다.[4] 즉 저널리즘이 지켜야 할 기본적인 윤리는 진실을 말하고 시민 사회에서의 공공성을 유지하는 데 버팀목이 돼야 한다는 게 서구 사회의 보편적인 인식이라고 하겠다.

이런 저널리즘의 전통적인 개념을 특정 국가 또는 특정 언어권이 아닌 전 세계 또는 복수 언어권을 대상으로 외국어 서비스를 확대하고 있는 새로운 언론

---

4) 빌 코바치, 톰 로젠스틸(2014), 『저널리즘의 기본 원칙(The Elements of journalism) 3판』, 이재경 역, 한국언론진흥재단, 12p.

환경에 대입한다면 외국어 저널리즘의 지향점은 아마도 '세계 평화, 인류복지, 인류행복 추구'라는 개념이 될 수 있을 것이다. 이미 많은 언론사가 이런 슬로건을 채택하고 전 세계를 실시간으로 연결하는 외국어 서비스를 확장하고 있다.

영어를 매개로 했던 서구 뉴스통신사의 전통적인 서비스 방식이 지역적 특성에 맞게 변화하고 있다는 점 또한 주목할 만하다. 우리나라의 경우 뉴스통신사로서는 연합뉴스가 유일하게 영어를 비롯한 6개 언어로 실시간 외국어뉴스 서비스를 제공하고 있다.

여타의 국제적 뉴스통신사의 외국어 서비스 사례만 보더라도 이런 변화는 이제 대세가 되어가고 있다. 가까운 일본과 중국의 경우를 보면, 교도통신은 94명의 인력이 영어, 중국어, 한국어 3개 언어로 서비스를 하고 있고, 중국의 신화통신은 영어, 프랑스어, 아랍어 등 8개 언어 서비스는 물론 영어 방송채널인 CNC World를 2010년에 발족했다.

서구 주요 뉴스통신사 역시 예외는 아니다. 프랑스의 AFP는 자국어 외에도 영어, 스페인어, 아랍어, 독일어, 포르투갈어 등 5개 외국어로 실시간 송출하고 있다. 특히 로이터는 전 세계 16개 지역 언어로 뉴스 서비스를 하고 있다.

PART 1

연합뉴스 외국어뉴스의 저널리즘적 가치

저널리즘적 측면에서 연합뉴스가 다른 외국어로 뉴스를 생산할 때 기본으로 삼았던 것은 여타 국제 뉴스통신사들이 그동안 지켜온 기사 작성의 원칙과 다르지 않다. 즉 연합뉴스 외국어뉴스 또한 정확하고 신속한 보도, 객관성을 담보하는 뉴스를 생산하려고 끊임없이 노력해 왔다.

다만 한국이라는 지정학적 특성과 서구와 다른 언론 관행으로 인해 발생하는 보도 방식의 차이, 사실에 접근하는 관점의 차이가 많다는 점도 주목해야 한다.

외국어 저널리즘, '국익과 인류보편가치 추구'

"한국 언론의 외국어 저널리즘"이라는 게 과연 있겠느냐 하는 질문이 있을 수도 있다. 하지만 토종기자가 외국어로 한국소식을 기사화하고 내보낼 때 발생하는 문제점과 방식의 차이는 쉽게 간과할 수 없을 정도로 다양하다.

서구 언론들의 보도는 그 객관성을 인정한다 하더라도 자국의 시각과 관점, 이해관계를 반영한 주관성을 내포하고 있다. 우리 또한 마찬가지이다. 외국인의 관심사에 맞는 주제와 맥락을 담기도 해야 하지만, 한국 사정을 모르는 외국인들의 편견을 깰 수 있을 만큼의 풍부한 자료와 근거를 제공하기 위해 서구 언론과 다른 방식으로 사실에 접근해야 하는 경우도 많다.

국익과 인류 보편적 가치 간의 관계를 분석한 2013년 5월 뉴스통신진흥회 보고서 '뉴스통신사의 영문뉴스서비스 발전 방안; 국가기간뉴스통신사로서 연합뉴스의 언론외교 전략'은 알자지라, CNC월드, 프랑스24, 러시아투데이, NHK월드, 연합뉴스 등 6개사의 보도 내용을 분석하면서 "대부분의 기사(71.3%)가 국익과 보편적 가치를 중립적인 방향으로 처리"[5]하고 있다고 분석했다.

다만 중립적이거나 판단을 유보하는 보도가 아닌 나머지 유형에서 "국익을 우선하는 보도 태도가 19.1%로 인류 공동체의 보편적 가치를 우선하는 기사 9.6%보다 많았다."고 분석했다.

분석 대상인 6개 언론사의 국익 우선 보도 태도를 자세히 살펴보면, 신화통신사가 설립한 CNC World채널 기사의 38.5%가 국익 위주의 기사였고, 그 뒤를 연합뉴스(18.2%), 프랑스 24(13.9%), 러시아투데이(7.4%), 알자지라(4.0%)가 차지하고 있다.

한편 NHK월드의 경우 국익에도 치우지지 않고 인류 보편적 가치를 우선에 두지도 않은 중립적 또는 판단유보 형태의 기사가 100%를 차지하고 있다는 점은 주목할 만하다.

이 보고서에서도 지적하듯 외국어뉴스 매체는 지나친 국익 위주의 보도 태도를 지양해야 한다. 즉 국내 언론 매체가 해외 독자들을 위한 서

PART 1
뉴스통신사 저널리즘

---

5) 김성해 外(2013), "뉴스통신사의 영문뉴스서비스 발전 방안"「뉴스통신진흥회 연구보고서 2013-05」, 130p.

21

비스를 한다면 인류보편가치 추구를 바탕으로 하면서도 한반도에 대한 균형 잡힌 시각의 외국어뉴스를 제공해야 한다. 이를 위해선 외신에 비해 탁월한 취재원 접근성을 가진 우리 기자들의 눈과 귀, 그리고 그들의 판단이 중요하다고 하겠다.

한국 매체의 외국어뉴스 서비스

우리나라의 경우 뉴스통신사로서는 연합뉴스가 유일하게 6개 외국어로 텍스트 뉴스를 송출하고 있다. 반면 민영 뉴스통신사는 영어서비스조차 제공하지 못하고 있다.

신문 매체들의 경우 코리아헤럴드, 코리아타임스 등 영어 일간지를 제외하고 국내 주요 일간지들이 자사 한글 기사를 일본어, 중국어 등 동북 아시아권 언어와 영어로 번역 제공하는 수준에 그친다. 반면 외국어로 된 뉴스 송출에서 방송분야는 이보다 역사가 오래됐고, 범위도 넓다.

KBS Radio World의 경우 1953년에 발족하여 현재 11개 언어 국제 방송 채널로 자리매김하고 있다. 2003년 개국한 KBS World TV도 한국어와 영어 방송 및 5개 언어 자막 서비스를 제공하고 있다. 그 외 방송분야에서는 아리랑TV와 tbs eFM을 사례로 들 수 있다.

뉴스통신진흥회의 2013년 5월 연구보고서는 우리나라 언론사가 운용하고 있는 외국어 매체의 숫자와 활동을 평가해 볼 때 해외 글로벌 언론사에 필적할 만한 매체가 "사실상 없다"고 평가했다. 이런 평가에도 불구하고 전 세계 커버리지를 가진 오랜 역사의 국제적 뉴스통신사가 제공하는 외국어서비스와 한국 매체의 동일 서비스에 대한 수평적인 비교가 과연 가능한가 하는 의문은 가질 수 있을 것이다.

또한 전 세계가 인터넷으로 연결되고 SNS를 통해 실시간으로 정보를 공

연합뉴스 편집국 외국어부문 기자들이 서울 본사 8층 뉴스룸에서 기사를 작성하고 있다. 연합뉴스 외국어
부문에는 16명의 외국인 기자들이 한국인 기자들과 함께 일하고 있다. (2017.5.22)

유할 수 있는 상황에서 신뢰도 높고 균형 잡힌 한국 관련 외국어뉴스의
필요성과 그 존재 가치를 부인할 수는 없다. 특히 뛰어난 속보성과 정
확성을 담보하고 있는 뉴스통신사의 외국어서비스는 비록 세계적 수준
에 조금 못 미친다 할지라도 지속적으로 발전시킬 필요가 있다는 점에
는 이견이 없을 것이다.

　연합뉴스 외국어뉴스 서비스는 이와 같은 지향을 가지고 부단히 독자
층과 매체 영향력을 키워가고 있으며, 이는 이 책 중반에 이어질 연합뉴
스 외국어 기자들의 취재 경험담을 통해 확인할 수 있을 것이다.

PART 1

정보주권과 공적기능

정보주권을 지키는 일은 어찌 보면 매우 국수적이고 편협한 것으로 이해될 수 있다. 하지만 이 개념은 한 국가가 생산하는 정보를 전파하고 활용하는 데 있어 외국에 의존하지 않는다는 주권 행사를 의미하기도 한다.

그런 측면에서 정보주권을 지키는 방식은 매우 다양하다. 언론 보도와 학계 논문을 종합해 보면 정보주권의 개념은 아래와 같이 정리할 수 있다.

> "정보의 생성, 저장, 활용을 자국의 힘으로 하는 권리, 정보에 대한
> 안전한 유통이나 활동이 보장받을 수 있는 권리, 정보의 흐름과 공개 ·
> 비공개 여부, 사용 등에 대해 통제할 수 있는 권리"[6]

연합뉴스가 추구하는 정보주권 수호의 개념 또한 한반도 뉴스를 우리의 시각으로 제작해 6개 언어로 송출해서 세계에 한국을 정확하게 알리고 외국 언론의 정보 왜곡을 방지해 '한국을 알리는 창'으로 자리매김하는 것이다.

---

6) 앞의 책, 29p.

이에 따른 연합뉴스의 정보주권 수호와 관련한 공적기능 수행 또한 매우 중요하다. 특히 연합뉴스 외국어서비스의 경우 외국어에 능통한 한국인 기자가 직접 기사를 작성하고 이를 실시간으로 외국에 전달하고 있다는 점을 주목해야 한다. 이들이 가진 정부당국과 취재원에 대한 접근권은 외국인 기자에 비해 넓고 다양하며 객관적인 정보를 전달하는 데 부족함이 없다.

외국어로 제작한 콘텐츠를 해외로 송출하는 한국 매체 가운데 외신과 경쟁할 만큼 빠르고, 풍부한 취재원을 통해 확인된 정확한 기사를 외국으로 전달하며 공적영역에서 정보주권을 지켜나가고 있는 유일한 매체가 바로 연합뉴스라고 해도 과언이 아닐 것이다.

뉴스통신사의 공적기능과 관련한 논의와 관련해 흥미로운 시사점을 주는 일이 유럽에서 2010~2012년에 벌어졌다.

유럽연합집행위원회는 뉴스통신사의 공적기능에 대해 다음과 같은 판단 기준을 제시하고 있다.

"공적기능은 통신사의 '상업적 활동'과 구분할 수 있는 기준에서 마련돼야 한다."

유럽연합이 이런 판단을 내린 계기는 2010년 독일 통신사 DAPD Nachrichten가 유럽연합집행위원회 공정거래총국 Concurrence General Direction(CGD)에 AFP와 프랑스 정부 사이의 구독료 지급 계약을 정부의 부당 지원 행위로 규정하고 불공정 거래 혐의로 제소한 것이다.

이후 프랑스 의회가 AFP의 공적기능을 인정하는 법안을 통과시키면서 유럽연합은 AFP가 상업적 활동 이외의 공적기능을 수행하고 있다고 판단하고 독일 통신사의 제소를 각하한 바 있다.

프랑스 공영 통신사인 AFP의 임무규정을 살펴보면 앞서 이야기한 공적기능의 근거가 무엇인지 파악할 수 있다.

"AFP는 자국민은 물론 외국인에게 정확하고 균형 잡힌, 그리고 신뢰성 있는 정보를 제공하고", "이를 전 세계에 전파하는 언론 매체이다."

뉴스통신사의 공적기능을 인정한 프랑스 사례

세계 3대 통신사의 하나인 프랑스 AFP의 공적기능에 대한 국가 재정지원 공식화 법안은 2012년 2월 19일 프랑스 의회에서 최종 통과됐다. 이로써 AFP에 대한 국가의 지원은 구독료에 대한 예산 집행뿐만 아니라 공적기능에 대한 국가예산의 직접 지급도 가능하게 됐다.

이 법안은 AFP의 공영통신사 지위를 규정하는 1957년 1월 10일 법안 13조, 재원조달 항목에 다음 조항을 추가하는 방식으로 입법화했다.

이 조항은 AFP의 지위를 "공적인 기능을 수행하는 기관(missions d'intérêt général)"으로 명시함으로써 AFP가 수행하는 공적기능 부분에 대한 국가예산 직접지원의 법적 근거가 됐다.

«Les ressources de l'Agence France-Presse sont constituées par le produit de la vente des documents et services d'information à ses clients et par la compensation financière par l'Etat des coûts nets générés par l'accomplissement de ses missions d'intérêt général, telles que définies aux articles 1er et 2 de la présente loi et par le revenu de ses biens.»[7]

"AFP의 재원은 고객들에게 공급한 기사와 정보서비스의 판매수익 및 공적인 기능을 수행하는 기관으로서의 역할 수행에 필요한 비용을 국가가 보전하는 것으로 이루어진다. AFP의 공적인 기능은 이 법안 1조와 2조에서 규정하고 있다."

---

7) 프랑스정부 법률정보 포털, "AFP의 지위를 규정한 1957년 1월 10일 법안 n°57-32 (2012년 12월 19일 보강)", http://www.legifrance.gouv.fr/affichTexte.do;jsessionid=509DFA3B3EB4DC79E384F3839E8B30F7.tpdjo10v_2?cidTexte=LEGITEXT000006068171&dateTexte=20121219, 2017년 3월26일 조회.

이 법안 통과 이전에 AFP의 재정 구조는 전재·구독료 수입에 의존도가 높았다. 구독료로 프랑스 정부가 지불하는 예산이 AFP 전체 매출의 약 40%(2004년 기준)에 달했다. 2011년의 경우 프랑스 정부가 AFP에 지불한 구독료는 약 1억1천500만 유로(한화 약 1천380억)에 이르렀다.

1944년 창립 당시 국영통신사로 출발한 AFP는 1957년 1월 10일 상업적 목적의 영업활동이 가능한 공영통신사로 전환하는 법안이 의회에서 통과돼 현재에 이르고 있다. 그리고 국가와의 구독료 계약을 몇 년 단위로 갱신하는 형태로 재정 지원을 받아왔다.

프랑스 의회에서 2012년 만장일치로 통과된 1957년 법안 변경안은 AFP의 독립적이고 중립적인 지위를 규정하는 조항을 두어 정치, 자본 등의 개입을 방지하는 장치를 마련해 놓고 있다.

동 개정안은 AFP의 법적 지위를 모델로 국가기간뉴스통신사의 지위를 획득한 연합뉴스와 이를 뒷받침하는 '뉴스통신진흥법'의 앞날에 시사하는 바가 크다.

영미권 통신사에 대항하는 독자적이고 세계적인 통신사로서 AFP의 공적기능을 법적으로 인정한 프랑스 여·야 정치권의 합의는 정보주권 보호뿐만 아니라 국제화 시대에 지역을 넘어선 공공의 이해관계 실현이라는 목표를 지향하고 있다.

또한 구독료 형태의 국가지원에 대한 논란을 잠재우고 공적 기여를 정당하게 인정받는 방향으로 한걸음 나아간 AFP의 사례는 뉴스통신사의 주요한 역할이 대외적으로는 정보주권 보호와 공적기능이라는 개념에 부합한다는 사실을 보여주고 있다.

PART 1

한국을 보는 해외 언론의 시각과 관점차

: 박근혜 탄핵을 바라보는 외신의 시각

2017년 3월 10일 대한민국 헌정 사상 첫 대통령 탄핵 인용이라는 역사적 사건을 두고 국내 언론은 물론이고 해외 언론의 관심도 지대했다.

해외 언론은 탄핵의 단초가 된 최순실 국정농단을 비롯해 고질적인 정경유착, 제왕적인 한국 대통령제의 문제점을 세세하게 보도했다. 한국전쟁 이후 경이적인 경제발전을 이루고, 군부독재를 거쳐 민주화를 달성한 한국의 정치, 경제, 사회를 더욱 폭넓은 시각으로 조망하는 해외 언론 매체의 보도는 자칫 국내 언론이 놓칠 수 있는 부분까지 자세하게 다뤄줬다.

이번 사태는 한국을 보는 해외 언론의 시각을 여실히 보여주는 사례가 되기도 했다.

2016년 10월 한 국내 종편방송의 보도로 본격적으로 드러나기 시작한 최순실 국정 농단 사태의 발단은 처음에는 지극히 국내적인 정치이슈로 시작됐다고 말할 수 있다. 하지만 상황은 급박하게 돌아가 11월 한 달간 대통령의 사과가 계속되고 결국 3차에 걸친 대국민 담화가 있었다.

어두운 표정의 박 대통령
박근혜 대통령이 청와대 춘추관 대브리핑실에서 '최순실 국정개입' 의혹 파문과 관련해 제2차 대국민 담화를 발표하고 있다. (2016.11.4)

박근혜 대통령 탄핵 촉구 촛불집회
서울 광화문광장에서 박근혜 정권 퇴진 비상국민행동 주최로 열린 '19차 범국민행동의 날' 촛불집회에서 참석자들이 박 대통령의 탄핵을 촉구하고 있다. (2017.3.4)

다수 국민은 사과문에 담긴 대통령의 진정성과 진실성을 의심했다. 대통령의 일방통행식 해명문 발표에 분노와 실망감은 더욱 커져 갔고 촛불집회가 이어졌다.

이후 해외에 체류 중이던 최순실이 국내로 들어오고, 각종 언론보도가 쏟아지기 시작했다. 청와대에서 굿을 했을 것이라는 내용의 가십성 보도와 특히 청와대가 비아그라와 같은 발기부전치료제를 구매했다는 보도는 '파란 집의 파란 알약'이라는 제목으로 외신에 보도되며 국제적 망신이라는 지적을 받기도 했다.

국내 언론은 대통령이 관련된 스캔들이라는 사안의 중대성 때문에 보도 경쟁에 치중한 측면이 없지 않다. 이로 인해 확인되지 않은 추측성 기사도 많았다는 지적이 있다. 하지만 특검 수사와 여러 관련 인물의 증언에서 많은 부분이 사실로 드러났다.

외신의 경우 처음에는 최순실 국정 농단 의혹에 대해서 한국의 순수한 국내 이슈로 판단해 별 관심을 두지 않았다. 하지만 연일 쏟아지는 보도와 특히 현직 대통령이 관련됐다는 사실 때문에 팩트 전달 위주로, 또는 국내 보도 내용을 인용해 보도하기 시작했다.

시간이 지나면서 더 많은 혐의와 사실들이 드러나자 이 사안이 대통령의 국정 수행에 치명타가 될 수 있고 민심이 대통령을 등지고 있다는 인식이 빠르게 확산되면서 외신들도 더욱 적극적으로 취재하고 보도했다.

하지만 국내에 취재진을 상주시키고 있는 외신들은 취재원과 네트워크의 한계로 주로 국내 언론 매체를 인용하거나 수사결과 등을 바탕으로 뉴스를 보도했다. 해외 언론은 일종의 가십거리로 읽힐 만한 사안을 비교적 비중 있게 다루면서 사건을 다른 측면에서 부각시키려 할 때도 있었다. 물론 심층적인 보도를 통해 이 사건이 한국의 정치, 경제, 사회에 어떤 영향을 끼칠 것인지에 대해 자국의 시각을 담아 보도하기도 했다.

외신보도의 시작

박근혜 대통령 탄핵을 초래한 최순실 국정 농단 의혹과 관련한 첫 외신보도는 2016년 10월 25일 당시 대통령이 최순실의 존재에 대해 인정하는 기자회견 내용이었다. 그 이전에 이미 국내에는 대통령의 비선 실세에 대한 보도가 여러 차례 있었지만, 외신은 국내적인 이슈이고 확인이 안 된 사안으로 여겨 보도에 소극적이었던 것으로 보인다.

하지만 계속되는 대통령 지지율 하락과 사안의 중대성을 인식하면서 외신도 향후 사건 전개를 조심스럽게 전망하기 시작한다. 아래 외신 보도를 보면 사안에 대한 관심과 박 대통령 관련 보도의 방향을 짐작할 수 있다.

AP의 텔레비전 채널인 APTN의 경우 2016년 10월 25일 박 대통령의 제1차 대국민담화 내용 전문을 영어로 번역해 내보냈을 정도로 비상한 관심을 표명했다. 또 JTBC의 태블릿 PC 보도로 수면 위로 드러난 '비선 실세' 최순실을 "미스터리한 여성"으로 표현하고 있다.

세계 4대 통신사인 스페인어권 EFE통신의 영문 기사는 최순실 게이트에 대한 검찰 수사가 진행되는 가운데 11월 21일 사의를 표명한 김현웅 **법무장관**과 이틀 뒤 이어진 최재경 청와대 민정수석의 사표제출 소식 또한 자세히 다뤘다. EFE는 최순실을 "한국의 라스푸틴"이라고 지칭하기도 했다.

국회가 박근혜 대통령 탄핵소추안을 234표로 통과시킨 2016년 12월 9일 영국 공영방송인 BBC는 "한국 최초 여성 대통령의 비극"이란 제하의 해설기사에서 "한국 국회가 길거리에 모인 군중들이 (법적으로) 할 수 없는 일을 해냈다."며 촛불을 들고 나온 시민들과 압도적인 표차로 탄핵소추안을 통과시킨 국회의 역할을 조명하기도 했다.

▲ APTN (2016년 10월 25일)

1. South Korean President Park Geun-hye entering news conference […]

6. SOUNDBITE (Korean) Park Geun-hye, South Korean President:

"Ms. Choi Soon-sil is my acquaintance who helped me in the past when I had troubles, and during the presidential election (campaign), she played a role of giving me personal opinions or thoughts on how my election activities approached the public in terms of speeches and advertising. I have received her help on expressions in some (presidential) speeches and publicity materials."

STORYLINE:

South Korea's president offered a public apology on Tuesday after acknowledging her close ties to a <u>mysterious woman</u> at the centre of a corruption scandal.

President Park Geun-hye's apology came a day after a South Korean TV network(JTBC) reported that the woman, who has no government job, was informally involved in editing some of Park's key speeches.

▲ **South Korean minister, presidential aide resign over "Rasputin" scandal, EFE**(2016년 11월 23일)

The South Korean Justice Minister and a presidential aide stepped down Wednesday due to the "Korean Rasputin" scandal in which President Park Geun-hye has been implicated, the Blue House said.

Justice Minister Kim Hyun-woong and presidential aide Choi Jai-kyeong resigned after the public prosecuto's office said Sunday that the head of state could be an accomplice of the three accused of involvement in the country's biggest political scandal in recent years.

▲ **Park Geun-hye: Tragedy of South Korea's first female leader, BBC**(2016년 12월 9일)

What the crowds couldn't do, parliament has. Every Saturday night for two months, hundreds of thousands of people have gathered in Seoul and chanted that the president should step down. Park Geun-hye has been resistant. She has apologized several times, with a face of utter humility - but her fault, she said, was not keeping control of those around her.

연합뉴스 외국어뉴스 보도

박근혜 대통령의 첫 번째 대국민 사과 이후, 연합뉴스의 외국어뉴스도 다른 국내 신문 매체와 방송사처럼 최순실 사태에 대한 기사를 쏟아내기 시작했다.

사실 그 이전에는 비선실세 존재 여부에 대해서도 뚜렷하지 않았다. 또한 외국어로 옮기기에 난해하거나 지극히 국내적인 이슈이고, 사건의 전개가 연속적이지 않아 관심있게 지켜보는 수준이었다.

하지만 당시 박근혜 대통령의 최순실 존재에 대한 인정은 전혀 다른 상황으로의 전개이므로 청와대, 검찰, 법조, 정당 출입기자 등이 유기적으로 협조해 충실한 기사를 생산하기 시작한다.

외신의 눈에 비친 한국은?
서울 강남구 삼성동 박근혜 전 대통령 자택 앞에서 외신기자가 박 전 대통령 지지자와 인터뷰를 하고 있다.
(2017.3.16)

연합뉴스 외국어뉴스는 주요 경성 뉴스는 물론이고 연성의 가벼운 피처 기사나 인터뷰 기사도 많이 생산한다. 하지만 지극히 국내적인 사안들, 지엽적이라고 여겨지는 사안들을 우리말이 아닌 외국어로 전달할 것인가에 대해서는 적잖은 가치 판단과 고민이 따르게 마련이다. 어떤 사안과 사실들이 외국 독자에게 가치 있는 정보가 될 것인가부터 우리나라 입장에서 보는 득실을 고민할 수밖에 없기 때문이다.

(3rd LD) Park apologizes over leak of presidential speeches to acquaintance 연합뉴스 영어 기사(2016년 10월 25일)

President Park Geun-hye on Tuesday apologized to the nation over a leak of dozens of presidential speeches to an acqaintance who has been at the center of an escalating corruption scandal that has roiled politics over the past month.

"Regardless of the reasons involved, I am sorry that (the scandal) has caused national concerns," she said. "I deeply apologize to the people."

Park's apology came a day after local broadcaster JTBC revealed that Choi Soon-sil had received dozens of presidential speeches, including Park's election campaign remarks, before they were delivered by the president.

대통령의 최순실 존재 인정, 최순실과의 사적인 인연, 당선 이후 최순실의 국정 농단이 하나둘씩 드러남에 따라 연합뉴스 외국어서비스도 하루에 수십 건씩 관련 기사를 쏟아냈다. 인터넷 트래픽도 계속 늘어 평상시보다 평균 30% 정도 증가했다. 그만큼 외국 독자들에게도 지대한 관심 사안이었다는 걸 입증한다.

연합뉴스의 외국어뉴스는 헌법재판소의 박근혜 대통령 탄핵 결정 당일 쉴 새 없이 속보를 내보냈고, 정치·경제·사회에 대한 영향 등을 분석하는 기사를 다량으로 생산했다.

(7th LD) Court upholds impeachment of Park, removes her from office 연합뉴스 영어 기사(2017년 3월 10일)

The Constitutional Court unanimously upheld the impeachment of President Park Geun-hye on Friday, removing her from office after a 92-day leadership crisis and triggering a presidential election in the weeks to come.

The ruling, which was announced by the court's acting chief and televised live, made Park the nation's first democratically elected leader to be ousted. The 65-year-old daughter of a former president was impeached by parliament on Dec. 9 over a corruption and influence-peddling scandal centered on her close friend.

"The negative effects of the president's actions and their repercussions are grave, and the benefits to defending the Constitution by removing her from office are overwhelmingly large," acting Chief Justice Lee Jung-mi said in delivering the ruling that lasted about 20 minutes.

최순실 국정농단과 탄핵 관련 외신보도 전개

외신은 국회가 12월 9일 박근혜 대통령을 탄핵소추하기로 하자, 과연 한국의 헌법재판소가 탄핵을 인용할지에 대한 전망과 함께 연일 계속되는 촛불시위의 규모와 참가자들의 평화집회에 대해 집중적으로 보도하기 시작했다.

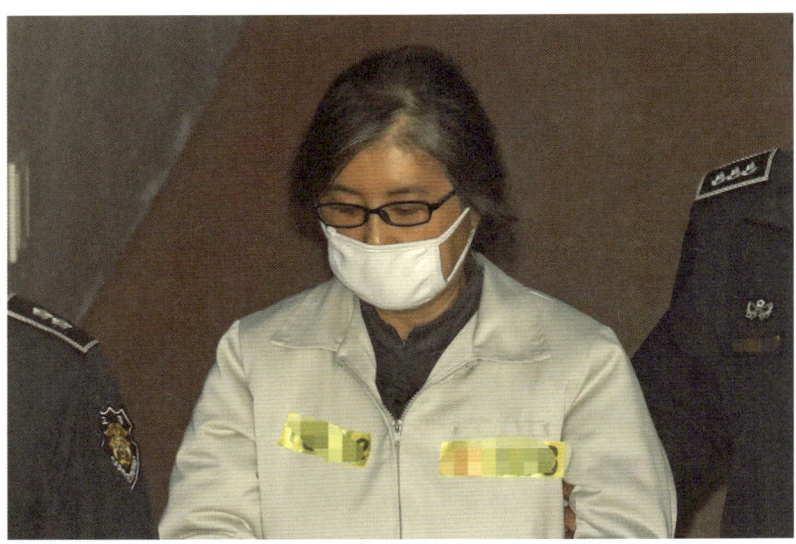

법정에 출두하는 최순실
'국정 농단'의 주범으로 재판을 받고 있는 최순실 씨가 서초구 서울중앙지법에서 열린 속행공판에 출석하기 위해 호송차에서 내려 법정으로 향하고 있다. (2017.3.14)

일례로, 워싱턴 포스트는 "30여 년 전 군사정권 시절에 있었던 시위와 비견될 정도로 규모가 컸던 대통령 퇴진 촉구 집회를 기점으로 박 대통령이 쫓겨날 가능성이 크다."는 한 정치 분석가의 발언을 인용하면서 최순실 스캔들을 리처드 닉슨 미국 대통령을 하야시킨 워터게이트 스캔들과 비교 보도하기도 했다.

영국의 가디언지 또한 최순실 재판 소식을 자세히 전하며, 제목을 "Trial opens of 'Rasputin' at heart of South Korea political crisis"라고 쓰기도 했다. 제정 러시아의 몰락을 초래한 괴승 그리고리 라스푸틴과 최순실을 비교한 것이다.

로이터통신은 박근혜 대통령이 드라마에 나오는 여배우의 가명으로 한 클리닉에서 치료받았다는 국내 보도를 인용해 서울발로 보도하기도 했다.

▲Soap opera: South Korea's Park 'used starlet as pseudonym' at detox clinic, 로이터(2016년 11월 16일)

The starlet of a TV soap became the most talked-about celebrity in South Korea on Wednesday when a TV channel revealed President Park Geun-hye once used her name as a pseudonym at a beauty and detox clinic, a distraction from the scandal engulfing her administration.

Gil Ra-im, the heroine of the smash hit drama "Secret Garden", became the object of parody following the report that Park used her name at the Chaum beauty and anti-aging clinic in an upscale Seoul neighborhood.

Park is under intense pressure from an angry public to step down over allegations that she allowed a friend, Choi Soon-sil, to use her closeness to her to meddle in state affairs and exert improper influence in the cultural and sports communities.

탄핵심판 선고일이 다가오자 외신들은 박근혜 대통령이 '심판의 날'(Judgment Day)을 기다리고 있다며, 탄핵이 인용될 경우 박근혜 대통령은 대한민국 최초의 여성 대통령에서 최초로 탄핵당한 대통령이 될 것이라고 보도했다.

탄핵심판 선고가 기각이나 각하로 나올 경우 한국 국민의 정경유착, 부정부패에 대한 실망감과 분노는 더 커질 것이고 사회분열이 나타날 것이라고 우려하는 시각도 있었다.

대다수 외신은 또 대한민국의 여론이 극명하게 갈려 이에 따른 후유증이 상당할 것이고, 폭력 시위로 번질 가능성도 크다는 전문가들의 전망을 인용해 보도했다.

탄핵 인용 이후 외신은 박근혜 대통령의 인생역정, 한국 정치사에 대한 조망, 향후 정치, 경제, 사회에 대한 전반적인 진단과 전망 등을 집중적으로 보도했다.

각국의 언론 매체들, 특히 중국과 일본의 매체들은 한국의 정치 지도자 교체에 큰 관심을 갖고, 향후 국가 간 관계를 전망하기도 했다.

AP는 박 전 대통령이 청와대에서 삼성동 자택으로 퇴거하던 2017년 3월 15일 보도에서 그가 청와대에 들어갈 때 선물 받았던 아홉 마리의 개를 그대로 남겨둔 사실을 주요 내용으로 뽑았다.

경제전문 뉴스 통신사인 블룸버그는 헌재가 박근혜 탄핵 소추안을 인용한 3월 10일자 기사에서 차기 대통령 주자들이 비록 정치적 견해가 다르더라도 경제에서만큼은 미·중과의 무역 갈등, 가계부채 해소 등의 공통 해결 과제를 떠안게 됐다고 평가했다.

영국의 BBC는 탄핵안 인용 사실을 자세하게 보도하며 박 대통령에 대한 13개의 혐의 사실과 그 중 하나로 대기업에 압력을 넣어 최순실이 소유한 미르, 케이스포츠재단에 불법적인 기부를 하게 했다는 것을 그 액수와 함께 소개하고 있다.

▲South Koreans angered after ousted leader leaves dogs behind, AP(2017년 3월 15일)

It was hard to imagine that ousted President Park Geun-hye could get any more unpopular in South Korea _ until she moved out of the presidential palace and left her nine dogs behind.

Just days after being removed from office by the Constitutional Court over a massive corruption scandal, an animal rights group accused Park of animal abandonment for not bringing the dogs with her.

Park's neighbors had given her a pair of Jindo dogs, a Korean breed of hunting dogs, when she left for the presidential Blue House in 2013. The dogs recently gave birth to seven puppies, which are now considered too young to be separated from their mother, Kim Dong-jo, a Blue House spokesman, said Wednesday.

▲South Korea's Economic Woes Will Bedevil Its Next President, 블룸버그(2017년 3월 10일)

South Korean President Park Geun-hye's successor will inherit a struggling economy that faces heightened risks from China and the U.S., its biggest trading partners, as well as record household debt.

The constitutional court upheld Park's impeachment on Friday. A special election will be held within two months to choose her replacement.

"The presidential candidates may have different views on politics, but on economics, I think there is broad consensus that Korea needs to boost growth potential while easing inequality," said Park Sungwook, a research fellow at the Korea Institute of Finance.

▲Park Geun-hye: How identity politics fuelled South Korean scandal, BBC(2017년 3월 10일)

Like a patient awakened from an enforced period of suspended animation, South Korea's body politic has been sharply brought back to life.

Friday's unanimous eight-person Constitutional Court ruling, that upheld last December's National Assembly decision to impeach President Park Geun-hye, has finally swept away the uncertainty that has paralysed the country for months.

The court's ruling supports 13 counts of impeachment that argued that Ms Park had been unduly influenced by her long-term friend and confidante, Choi Soon-sil, to pressure leading conglomerates to provide some $70m (£57m) of illegal donations to two private foundations managed by Ms Choi.

외신보도의 시각

최순실 국정농단과 박근혜 대통령의 탄핵에 이르는 일련의 사안들에 대한 보도 내용을 보면, 국내 언론과 외신 보도에 큰 차이점이 없음을 알 수 있다. 국내 언론이든 외신이든 문제의 발단, 전개, 해결책 제시 등에서 대동소이한

헌재 결정 지켜보는 시민
울산역 대합실에서 시민들이 헌법재판소의 박근혜 대통령에 대한 파면 결정을 TV 중계 화면으로 지켜보고 있다. (2017.3.10)

결론에 이르고 있다.

몇 가지 외신들이 관심을 가진 사안 중 특기할 만한 것들을 살펴보자. 워싱턴포스트 등 주요 신문은 물론 BBC 등 주요 방송들도 한국 역사상 최초의 현직 대통령 파면 사태를 주요 소식으로 다루면서 한국 민주주의의 역동성에 놀라움을 금치 못하며 특히 한국의 촛불시위에 큰 관심을 나타냈다.

폭력적이지 않고, 자율적인 촛불시위에 대해 전 세계적으로 모범적인 집회 및 시위문화로 극찬을 아끼지 않으면서, 이런 대중적인 집회가 탄핵인용을 이끌어내는 데 일조한 측면을 부각시켰다. 더불어 이런 일련의 과정이 '한국식' 민주주의라는 견해를 내놓기도 했다.

아직 법적으로 유무죄가 확정되지 않은 현직 대통령을 탄핵으로 이끈 대한민국에 놀라움을 표하면서도, 짧은 기간 한국사회가 이룬 성장 이면에 경제, 정치, 사회적 미숙함이 있음을 은연중에 드러내기도 했다.

비슷한 맥락에서, 몇몇 외신들은 박근혜 대통령 탄핵이 브렉시트[Brexit]와 도널드 트럼프의 미국 대통령 당선, 마테오 렌치 이탈리아 총리 사임 등을 이끈 '포퓰리즘'의 결과물이란 해석을 내놓기도 한다.

대한민국 사회에 뿌리 깊게 자리 잡고 있는 엘리트 정서 및 기득권 세력에 대한 일반 시민의 불만을 고려한다면, 박근혜 대통령의 탄핵 과정에서 대한민국 사회가 지닌 세대, 지역, 빈부 갈등이 표출됐다는 외신의 시각도 있었다.

주변국의 시각도 눈여겨볼 만하다. 중국 언론의 경우, 사드 배치로 인한 갈등이 한국에서의 지도자 교체와 맞물려 어떤 방향으로 전개될 것인가에 대한 조심스러운 해석을 내놓았다. 일본 언론은 박근혜 대통령 탄핵에 놀라움을 금치 못하면서, 차기 정부의 대북정책에 비상한 관심을 표명하기도 했다.

박근혜 전 대통령 자택 앞 지지 인파

헌재의 탄핵 심판 선고에서 파면당한 박근혜 전 대통령을 태운 차량이 지지자들의 환호 속에 서울 삼성동 자택에
도착하고 있다. (2017.3.12)

외신 보도 중 특기할 만한 또 다른 사안은 삼성과 이재용 부회장으로 대변되는 한국경제, 특히 재벌에 대한 해부이다. 사실 전후 국가 주도적 경제 발전 하에서 많은 이익을 챙긴 이른바 재벌에 대한 시각은 한국 사회에서 그다지 좋지 못하다. 법 위에 군림한다는 의견이 팽배하고, 정상적인 절차가 아닌 정치권과 정부에 대한 로비를 통해 이득을 극대화했다고 많은 사람이 믿고 있다.

이재용 부회장의 구속이 삼성그룹, 더 나아가 대한민국 경제에 미칠 수 있는 영향에 대해 외신들도 상반된 평가를 하고 있다.

세계 1위 스마트폰 제조업체인 삼성의 상속자가 뇌물혐의로 구속된 것은 한국 사회에 아직도 부정부패가 만연하다는 걸 방증한다고 보도하면서도, 재벌 의존도가 높은 한국경제에 미칠 영향에 대한 분석도 빠뜨리지 않았다. 하지만 외신들은 이재용 부회장 구속이 재벌개혁의 진정한 출발점이 될 수 있다는 분석도 내놨다.

특검에 출석하는 이재용 삼성전자 부회장
이재용 삼성전자 부회장이 조사를 받기 위해 서울 강남구 대치동 특검 사무실로 들어서고 있다. (2017.2.25)

▲Lee Jae-yong's arrest casts long shadow over Samsung, 파이낸셜타임스 (2017년 2월 17일)

-- South Korean group had started the year in optimistic mood after a tough 2016 --

Samsung thought it was out of the woods.

After a tumultuous 2016, marred by tensions, lawsuits and the humiliating $5bn termination of its fire-prone Galaxy Note 7 smartphone, the South Korean electronics group started the new year on a high.Profits soared. Confidence rebounded. And Lee Jae-yong, the heir apparent of South Korea's biggest company, walked away from an attempt to detain him in connection with a rumbling corruption scandal in the east Asian nation.

Profits soared. Confidence rebounded. And Lee Jae-yong, the heir apparent of South Korea's biggest company, walked away from an attempt to detain him in connection with a rumbling corruption scandal in the east Asian nation.

연합뉴스 외국어부문 편집위원회

Journalism

PART 2

한반도를 세계에 알리다

외국 언론을 움직인 기사
신속하고 정확한 북한 보도
외국어 기자들의 취재 현장
외교 현안의 한가운데

김정남 피살 · 박근혜 탄핵, 연합뉴스 일본어 속보

: 포털 사이트 야후 재팬 속보창 최상단 장식

다국어뉴스부 **일본어팀**

북한 소식에 대한 일본인들의 관심은 지나칠 정도이다. 서울과 베이징에 지국을 둔 일본 언론사들의 북한 취재 인력 배치와 투자 규모는 상상을 초월한다.

예를 들어 북한 주요 인사들의 베이징 방문을 취재하기 위해 숙소 주변이나 주요 이동로 요소요소에 카메라를 배치하고 24시간 대기하는 일은 매우 기본적인 활동 범주에 속한다.

이런 대규모 투자와 노력에 비해 2017년 2월 13일 말레이시아 국제공항 제2터미널에서 발생한 김정남 피살 사건에 대한 일본 언론의 보도가 한국 매체보다 늦었다는 사실은 주목할 만하다. 김정남 피살 사건은 발생 하루 만인 14일 한국 언론이 내보낸 속보를 전 세계 언론이 받아썼고 일본 언론도 예외가 아니었다.

단독보도와 속보의 중요성

일본 최대 통신사인 교도통신은 이날 저녁 김정남 피살 소식 1보를 연합뉴스를 인용해 내보냈다.

당일 제일 먼저 소식을 전한 한국 매체가 'TV조선'이었음에도 불구하고 교도통신은 정부 소식통을 인용한 연합뉴스를 신뢰했다. 특히 이날 우리의 네이버 포털과 같은 야후 재팬 포털 뉴스는 연합뉴스 일본어 서비스가 내보낸 속보를 즉각 최상단에 배치했다.

이날 일본에서 유입된 트래픽으로 연합뉴스 서버가 다운돼 버릴 정도였다. 야후 재팬이 웹·모바일 메인 페이지 뉴스 속보 최상단에 걸어둔 김정남 피살 관련 연합뉴스 일본어 속보의 위력은 그야말로 대단했다. 구글 애널리틱스 통계에 따르면 당일 연합뉴스 일본어 서비스 페이지뷰가 330만을 훌쩍 넘기는 진기록을 세울 정도로 반응이 뜨거웠다. 참고로

연합뉴스 일본어 김정남 피살 속보
야후 재팬 모바일 최상단에 올라 온 김정남 피살 사건 연합 일본 뉴스 속보. [야후 재팬 모바일 페이지 캡처] (2017.2.14)

야후 재팬은 연합뉴스와 전재 계약을 맺고 연합뉴스가 송고하는 일본어 기사를 실시간으로 일본 독자들에게 제공하고 있다.

아래 김정남 피살 관련 속보 내용과 시각을 살펴보면 연합뉴스 속보가 교도통신에 비해 상당히 빨랐음을 알 수 있다.

촌각을 다투는 속보 경쟁에서 일본 최대 통신사인 교도통신보다 20분 이상 송고시각이 빨랐다는 것은 연합뉴스의 속보와 후속기사들이 전 세계인들에게 그만큼 더 주목받았다는 것을 보여준다.

1. 연합뉴스 한글판 속보

北 김정은 이복형 김정남, 말레이시아서 피살(1보)

(서울=연합뉴스) 이봉석 기자 = 북한 김정은 노동당 위원장의 이복형 김정남이 현지시간 13일 오전 말레이시아에서 피살됐다고 정부 소식통이 14일 밝혔다. [2017년 2월 14일 오후 8시 13분 송고] (이하 한국시간)

2. 연합뉴스 일어판 속보

[速報]北朝鮮の金正男　マレーシアで殺害(속보, 북한 김정남 말레이시아에서 피살) [2017년 2월 14일 오후 8시 16분 송고]

3. 교도통신 영문판 속보

URGENT: N. Korean leader's elder half-brother killed in Malaysia: **Yonhap** (북한 지도자 이복형 말레이시아에서 피살, 연합) [2017년 2월 14일 오후 8시 30분 (한국시간) 송고]

4. AP 보도

North Korean man dies after becoming ill at Malaysia airport

KUALA LUMPUR, Malaysia (AP) _ Malaysian officials say a North Korean man has died after suddenly becoming ill at Kuala Lumpur's airport.

The district police chief, Abdul Aziz Ali, said Tuesday he could not confirm South Korean media reports that the man was Kim Jong Nam, the older brother of North Korean leader Kim Jong Un. [2017년 2월 14일 오후 10시 33분 송고]

물론 교도통신도 정확한 보도를 위해 말레이시아 정부 관계자들이나 일본 정보당국에 사실 확인을 하느라 속보를 일찍 내보내지 못한 점도 있었을 것이다.

AP 역시 말레이시아 당국이 피살된 사람을 북한 사람이라고 밝혔다는 기사를 늦게나마 내면서 "복수의 한국 언론이 피살자를 김정남이라고 보도했지만 말레이시아 당국자는 이를 확인해 줄 수 없다고 말했다."는 사실을 추가해서 송고했다.

당일 연합뉴스가 내보낸 김정남 피살 사건 보도의 신속성과 이를 따라온 외국 언론과 독자들이 보내준 신뢰는 한반도 관련 뉴스에서 연합뉴스의 독보적인 위상을 다시 한 번 확인시키는 계기가 됐다.

더구나 일본인들이 제일 많이 이용하는 포털사이트인 야후 재팬이 연합뉴스 일본어 서비스가 보도한 김정남 피살 사건 속보를 제일 상단에 걸었다는 건 의미하는 바가 크다. 2005년 6월 첫 기사를 내보내기 시작한 연합뉴스 일본어 서비스가 지난 10년간 단순한 번역 서비스에 그치지 않고 당당한 토종 외국어 매체로서 일본 언론과 어깨를 나란히 할 만큼 많은 신뢰를 얻었다는 증표인 것이다.

북한 소식은 연합뉴스가 최고

실제로 아와쿠라 요시카츠(粟倉義勝) 교도통신 서울지국장은 연합뉴스 외국어뉴스와의 인터뷰에서 다음과 같이 연합뉴스 일본어 서비스를 평가했다.

"다수의 한국 매체가 제공하고 있는 일본어 뉴스 가운데 연합뉴스 일본어 서비스를 제일 신뢰할 수 있다. 연합뉴스 일본어 기사는 일본인들이 이해하기 힘든 한국 소식의 배경을 추가적으로 설명하거나 일본인에게 익숙한 용어를 사용하는 데 있어 다른 매체와 차별성이 있다."

또 익명을 요구한 일본 정부 북한 담당 관리는 연합뉴스 일본어 서비스에 대해 이렇게 말했다.

"주로 북한 관련 소식과 한국 국내 정치 뉴스를 보기 위해 연합뉴스 일본어 기사를 본다. 김정남과 관련해서도 연합뉴스 일본어판을 봤다."

그는 연합뉴스가 내보내는 일본어 기사의 장점은 한국 언론의 보도 형태를 전체적으로 이해할 수 있다는 점이라면서 "북한이나 한국과 관련된 대부분의 (일본 정부기관) 종사자들은 연합뉴스 일본어 서비스를 보고 있을 것"이라고 말했다.

2017년 3월 10일 헌재 탄핵 심판 선고일에 야후 재팬 모바일 페이지 최상단에 올라온 연합뉴스 일본어 속보. 야후 재팬은 이날 박근혜 대통령 탄핵 관련 연합 일본어 속보를 사진까지 넣어 최상단에 배치했다. [야후 재팬 모바일 페이지 캡처] (2017.3.10)

이뿐만이 아니다. 박근혜 대통령의 탄핵 관련 소식 또한 일본 언론의 비상한 관심을 불러일으키기도 했다. 연합뉴스 일본어 서비스가 내보낸 탄핵 속보 또한 야후 재팬 속보 팝업 창에 채택된 바 있다.

다수의 일본 언론이 2017년 3월 10일 헌법재판소의 탄핵심판 결정일 취재에 많은 공을 들이기는 했으나, 속보에서만큼은 연합뉴스 일본어 기사의 신속성과 정확성의 위력을 감당하지 못했던 것이다. 이날 연합뉴스 일본어 서비스 페이지뷰가 228만 이상을 기록하기도 했다. 이는 한국 관련 소식을 실시간으로 제공하는 연합뉴스 일본어 서비스가 앞으로 야후 재팬 포털에서도 매우 큰 비중을 차지할 수 있다는 잠재력을 충분히 보여주는 사례라고 하겠다.

국내 언론에서 일본어 서비스를 하고 있는 매체는 연합뉴스를 포함해 조선일보, 중앙일보, 동아일보, 한겨레신문, KBS 월드 라디오와 매일경제신문, 아주경제 등이 있다.

이 가운데 야후 재팬에 기사를 전재하는 곳은 연합뉴스와 조선일보, 중앙일보, 한겨레 총 4개 매체이다. 연합뉴스는 타 매체와 비교해 속보성에서 압도적인 우위를 점하고 있으며, 일본 독자가 이해하기 쉽도록 배경 설명과 용어 선택 등에도 각별한 주의를 기울이고 있다.

사드(THAAD) 한반도 배치

: 외국어기사 특종의 위력

영문경제뉴스부 오석민

"다들 취재 안 한다는데, 그래도 오 기자는 오시는 거죠?"

2015년 5월 방한한 존 케리 미국 국무장관이 용산기지에서 미군 장병들과 인사를 나누는 일정의 취재 확인차 미군 공보관이 전화를 걸어왔다.

진작 취재 신청은 마쳤지만 기자회견, 강연 등 장관의 여러 행보가 이미 기사화된 이후인 데다 20분의 짧은, 이른바 '얘기 안 되는' 행사일 것으로 여겨, 외교부와 국방부 출입 기자들 모두 취재를 가지 않기로 했던 터라 사실 조금 망설여졌다.

까다로운 출입 절차 때문에 최소 2시간 전에는 현장에 도착해야 하는 데다 때 이른 5월 더위로 심신이 더욱 무거웠다.

그러나 다른 언론사에 뉴스를 공급해야 하는 '연합뉴스 기자'라는 숙명 때문에 안 갈 수도 없었기에 긴 턱선이 마음에 들어 평소 좋아했던 케리 장관을 구경할 심산으로 현장에 도착했다. 별도의 취재석이 없어 행사가 열리는 체육관 맨 뒤 구석에 자리를 잡았다. 가족들과 다과를 즐기며 장관을 맞는 장병들을 흐뭇하게 바라보고 있는데, 이들의 노고를 치하하던 케리 장관이 갑자기 사드(THAAD, 고고도 미사일방어체계) 얘기를 시작했다.

인사하는 존 케리 미국 국무장관
존 케리 미 국무장관이 서울 용산구 주한 미군기지를 방문해 주한미군들에게 인사하고 있다. (EPA, 2015.5.18)

외로웠던 결정과 그 보상

    북한의 위협을 거론하며 "우리는 모든 결과에 대비해야 한다. 이것이 바로 우리가 사드에 대해 말하는 이유[8]"라고 말했다. 한미관계 전반에서 가장 민감한 현안 중 하나에 대해, 더구나 양국 모두 사드의 한반도

---

8) (2nd LD) Kerry hints at possible THAAD deployment on Korean soil to deter N. Korea
연합뉴스 영어 기사(2015년 5월 18일)
"nobody quite knows what America's first line of defense in Seoul will do" which called
on the U.S. as well as the international community "to be prepared for every eventual
outcome."
"This is why we need to deploy ships, forces … and we are talking about THAAD,"
he said, citing the Terminal High Altitude Area Defense (THAAD) system, without further
elaboration.

배치 가능성에 대해 3No(요청, 협의, 결정 없음) 입장을 고수하고 있던 당시 미 국무장관이 공개적으로 이 같은 필요성을 제기한 건 분명 '핫뉴스' 거리였다.

머릿속이 하얘지고 "특종"이라는 생각이 들었다. 시끌벅적한 체육관, 잡음이 심한 마이크 때문에 혹시 잘못 들은 건 아닐까. 녹음 파일을 몇 번이나 다시 돌려 듣고 확인한 뒤에야 팀장, 그리고 같이 국방부를 출입하던 국문 선배와 상의해 영어와 한글로 해당 기사를 동시에 송고했다.

반응은 뜨거웠다. 국방부, 외교부 공보실뿐만 아니라 미군, 미국대사관, 그리고 타사 기자들에게 수십 통의 전화를 받았다. 미국 측은 "각론이 아닌 총론과 같은 언급"이라며 수습에 나섰지만, 기사는 다음날 아침 모든 신문에서 주요 뉴스로 다루어졌다. 그로부터 며칠간 사드는 한·미 양국뿐 아니라 중국과 일본 언론에서도 핫이슈로 부상했다.

타사 기자들과 한·미 공보관들은 "그냥 묻힐 수 있는 얘기를 또 연합이 취재해 일이 많아졌다."고 한숨 쉬면서도 "역시 연합"이라고, "영어 기자들이 있어서 연합은 여러모로 당해내기 어렵다."는 기분 좋은 격려를 아끼지 않았다.

다른 한편, 늘 현장에 있어야 한다는 불문율을 어기고 귀찮다고 취재를 안 갔더라면, 그래서 대신 다른 기자가 취재를 했더라면, 낙종했을 것이라는 생각에 아찔하기도 했다.

오늘날의 연합뉴스, 특히 외국어 서비스에 대한 신뢰와 명성을 위해 얼마나 많은 선배가 발로 뛰었을지 생각하니, 임신 중이 아니었다면 소주를 잔뜩 들이켜며 나태해진 5년차를 돌아보고 싶은 밤이었다.

취재원의 무한 신뢰

연합뉴스에 대한 당국자들의 깊은 신뢰를 느낄 수 있었던 경험이 처음은 아니었다. 앞서 그해 2월, 존 커비John Kirby 미 국방부 대변인이 정례브리핑에서

사드 배치를 공식 발표하는 한·미
류제승 국방부 국방정책실장(오른쪽)과 토머스 벤달 미8군사령관이 서울 용산구 국방부에서 주한미군의
고고도 미사일방어체계인 사드(THAAD) 배치 관련 발표를 하고 있다. (2016.7.8)

사드 배치와 관련해 "한국과 지속적인 협의(constant discussions)를 하고
있다."고 밝혀 논란이 됐고, 우리 국방부 기자단은 정부에 설명을 요구했
다. 난색을 표하던 당국자들의 묘안은 마침 방한 중이던 데이비드 헬비
David Helvey 미 국방부 동아시아 부차관보를 '활용'하는 것이었다.

"한국 기자들에게 직접 설명을 하겠지만, 대신 왜곡 없이 빠르게 보도
해 줄 연합뉴스 영문 기자와 통화를 하겠다."

미국 측의 이런 조건에 따라 기자단 대표로 필자가 헬비 부차관보에게
입장을 전해 들었고, 그렇게 해프닝이 일단락된 일도 있다.

6개 언어로 작성된 기사가 실시간으로 송고되다 보니 처음 기사를 작

국산 경공격기 FA-50
국산 초음속 고등훈련기 T-50의 경공격기 버전인 FA-50이 훈련비행을 위해 활주로를 박차고 날아오르고 있다. 한국항공우주산업(KAI)은 2011년 5월 FA-50 시제기의 첫 비행을 성공리에 마치고 2013년 12월 이라크에 총 24대를 수출하기로 합의했고 페루 등 남미 국가들과 판매 협상을 진행하고 있다. [한국항공우주산업 제공=연합뉴스] (2013.12.12)

성할 때 생각하지 못했던 파장이 있기도 했다.

우리 군이 페루에 국산 경공격기 FA-50을 수출할 예정이라는 기사를 내보낸 뒤 몇 시간이 지나지 않아 방위사업청에서 다급한 전화를 받았다.

페루에서는 군사기밀에 가까운 사안이라 현지 공군참모총장이 기밀 유출 의심을 받고 경질 가능성까지 언급되고 있고, 현지에 파견된 우리나라 군, 방사청 직원들도 페루 정부청사에 출입이 제한되는 등 파장이 크다는 것이었다.

특히 스페인어팀에서 송고한 해당 기사를 현지 언론이 인용보도하면서 기사가 빠르게 확산되고 있다며, 영어·스페인어 기사를 삭제해 줄 수 없냐는 다급한 요청이 들어왔다. 필요한 조치를 취했고, 다행히 우리 군과 정부에 불편과 피해 없이 일이 잘 마무리됐다.

'아베 일본 총리,
야스쿠니 신사 참배' 단독 보도

: 일본 언론을 앞서다

일본어뉴스팀 **김태균**

한·일관계가 악화일로를 걷고 있던 2013년 12월 26일 오전, 점심 약속을 했던 주한일본대사관 관계자로부터 전화가 걸려왔다. 그는 갑자기 약속을 취소하자며 당분간 만나기 힘들겠다는 말을 했다.

한·일관계에 새로운 악재라도 나온 게 아닌가 하는 의문이 들기도 했지만 그리 중요하게 여기진 않았다. 일본은 대부분 관청과 기업들이 연말부터 연초까지 휴무에 들어간다. 새로운 대형 악재가 있을 리 만무했다.

대수롭지 않게 생각하며 연말 안부전화나 할까 싶어 평소 알고 지내던 일본대사관 관계자들에게 전화를 돌렸다. 그런데 아무도 전화를 받지 않았다. 이상했다.

대사관 공보 라인과도 전화를 시도했지만 역시 전원이 불통이었다. 평소 전화 연결이 잘되는 편은 아니지만 이런 경우는 처음이었다. 직감적으로 '무슨 일이 벌어지고 있긴 하구나.'하는 생각이 들었다.

아베 총리 야스쿠니 신사 참배 항의 시위
서울 종로구 주한일본대사관 앞에서 시민단체 활빈단이 태극기를 펼쳐들며 일본 아베 총리의 야스쿠니 신사
참배를 항의하고 있다. (2013.12.27)

좋지 않은 예감

얼마 지나지 않아 다른 관계자로부터 일본 내각관저에서 오전에 중대 발표를 할 것이라는 정보를 입수했다. 당일은 아베 총리가 취임한 지 1년이 되는 날이었기 때문에 이와 관련한 발표일 것으로 예상했다. 하지만 일본 언론 서울특파원 중에서도 관련 일정을 안다고 하는 사람이 없어 의구심이 증폭됐다.

점점 좋지 않은 예감이 들기 시작했다. 그러던 중에 또 다른 관계자로부터 "야스쿠니 신사 주변 경비가 강화되고 있다고 한다." "곧 아베 총리가 참배하러 간다고 한다."는 다소 충격적인 말들을 전해 들었다.

당시는 한·중·일 언론이 아베 총리의 야스쿠니 신사 참배에 촉각을 곤두세우고 있을 때이긴 했지만, 전날 아베 총리의 측근이 "총리가 연내에 야스쿠니 신사를 참배하는 일은 없을 것"이라는 발언을 해 참배 가능성은 낮다는 시각이 지배적이었다.

필자가 재차 확인했지만, 한·일 양국 어느 언론에서도 야스쿠니 신사 참배에 관한 보도는 나오지 않고 있었다. 만약 참배 결정이 사실이라면, 한·일관계에 큰 영향을 미칠 중대 사안이었기 때문에 추가 확인이 필요해 보였다.

바로 도쿄지국에 관련 내용을 전달했다. 도쿄지국에서는 이 내용을 토대로 주일한국대사관 등을 통해 아베 총리의 야스쿠니 신사 참배를 다시 한 번 확인했다.

그리고 오전 10시 30분께, 도쿄지국과 일본어뉴스팀의 조율을 거쳐 한국어와 일본어로 단독 기사를 송고했다. NHK와 교도통신을 비롯해 모든 일본 언론은 연합뉴스 기사가 송고된 후 관련 소식을 전했으며, 한국 언론에서도 후속 보도가 쏟아졌다. 아베 총리의 야스쿠니 신사 참배

초치된 일본 대사관 공사
아베 신조 일본 총리가 야스쿠니 신사를 전격 참배한 당일 서울 도렴동 외교부 청사에 대사 대리 역할을 맡고 있는 구라이 다카시(倉井高志) 주한 일본대사관 총괄공사가 초치되고 있다. (2013.12.26)

는 이후 한국과 중국 등 주변국은 물론 일본 국내에서도 우경화에 대한 우려를 불러일으키는 등 메가톤급 반발을 야기했다.

끝까지 의문이 들었던 건, 왜 일본 정상의 동향을 일본 언론이 파악하지 못하고 있었냐는 것이다. 나중에 알게 된 사실이지만 일본 언론도 관련 움직임을 파악하고 있었으나, 워낙 민감한 사안이었기 때문에 공식 발표가 있을 때까지 관저 움직임을 주시하고 있었다고 한다.

공적기능의 중요성

연합뉴스의 공적기능 중 하나는 한·일 양국 간 첨예하게 대립하고 있는 현안에 대해 한국 측의 입장을 일본인 독자들에게 충실히 전달하는 것이라고 생각한다.

일본 측은 양국 관계에 민감한 사안이라도 조금씩 정보를 흘리는 언론 플레이를 계속하고 있다. 일본 언론 보도에 휩쓸리지 않고, 과거사를 둘러싼 위안부 문제, 독도 문제 등 여러 민감한 현안에 관한 보도를 가장 빠르고 정확하게 해 나가는 것이 중요하다는 점을 다시 한 번 느낄 수 있는 계기가 됐다.

한·일관계는 여전히 냉각된 상태지만, **때에 따라서는** 개선의 조짐도 보인다. 일본 지도자들이 야스쿠니 신사 참배와 같은 자극적인 도발을 중단하고, 양국관계의 미래지향적 발전을 위한 새로운 모멘텀이 나타나 한·일관계 개선에 메가톤급 호재가 될 수 있는 보도가 이어졌으면 한다.

'외규장각 도서 반환' 사르코지에게 직접 확인하다

: 한·불 현안 몰랐던 르몽드도 우리기사로 부랴부랴 지면 채워

프랑스어뉴스팀 오정훈

2010년 11월 서울은 주요 20개국(G20) 정상회의에 모든 관심이 집중되고 있었다. 이른바 2008년 글로벌 금융위기 여파로 각국이 '환율전쟁'을 둘러싸고 '금융 안전망'과 투기 자본 규제에 나서던 시점이었다.

당시 이명박 정부의 관심사 또한 금융위기 국면을 탈출하고 한국이 국제적인 지렛대 역할을 확대하는 데 초점을 맞추고 있었다. 이런 커다란 경제적 이슈 때문에 한국·프랑스 양국 간의 최대 현안 중 하나였던 외규장각 도서 반환 문제는 상대적으로 여론의 관심을 적게 받을 수밖에 없었다.

게다가 2010년 1월 프랑스 법원이 한국의 문화연대가 제기했던 외규장각 도서 반환 소송을 기각한 바 있었다. 그 후 양국 간 물밑 협상은 우리 측의 양보로 어느 정도 진척이 있었다고는 하나 프랑스 측 내부 반발로 결과는 장담할 수 없는 상황이었다.

그러던 차에 니콜라 사르코지 Nicolas Sarkozy 당시 프랑스 대통령이

악수하는 한 · 불 정상
이명박 대통령과 니콜라 사르코지 프랑스 대통령이 서울 삼성동 그랜드인터컨티넨탈호텔에서 정상회담을
하기에 앞서 악수를 하고 있다. (2010.11.12)

G20을 계기로 한국을 방문한 것이다. 2000년 시라크 전 대통령의 방한
이후 10년 만에 처음 있는 프랑스 대통령의 한국 방문이었다. 그렇지만
G20 정상회의 참석을 위해 한국에 온 것이어서 양국 현안을 심도 있게
논의할 자리는 아니었다.

　서구 언론의 눈길이 모두 세계 금융위기와 환율전쟁에 쏠린 가운데 우
리 언론들은 한국 · 프랑스 양국 간 외규장각 도서 반환 협상이 마지막
수순에 와 있다는 걸 나름대로 확신하고 있었다. 다만 그것이 서울 G20
정상회의에서 결정될 수 있을지는 아무도 장담할 수 없었다.

11월 12일은 G20 정상회의가 끝나고, 이명박 대통령과 사르코지 대통령의 정상회담이 예정된 날이었다.

그날 연합뉴스는 G20의 주관 통신사로 행사장인 코엑스에 6개 외국어 인력을 거의 총동원하다시피 해서 관련 소식을 실시간으로 해외에 전달하고 있었다. 더욱이 행사 마지막 날은 G20 합의 결과와 그 의미, 정상회의 주관 국가인 한국의 역할을 전 세계에 알리는 데 집중해야 해서 다른 이슈를 챙길 여력이 없었다.

그런데 피곤이 극에 달한 오후 4시 무렵 프랑스대사관으로부터 한 통의 전화가 걸려왔다. 사르코지 대통령이 코엑스에서 최종 기자회견을 할 예정이라는 것이었다. 경호상 이유로 장소도 시간도 알려주지 않은 기자회견이라 당시 통일외교팀 유현민 기자, 영문뉴스부 김 현 기자와 함께 노트북을 들고 지정된 장소를 찾았다.

사르코지 "한국 기자에게도 기회를…"

회견장에는 프랑스에서 온 엘리제궁 출입기자들이 많았고, 한국 기자들은 상대적으로 적었다. 연합뉴스 기자들이 회견장을 찾은 이유는 G20 경제 현안 때문만은 아니었다.

시간이 흐르고, 연단에 등장한 사르코지 대통령은 국제적인 금융규제 강화와 IMF 개혁, 무차별적 평가절하 금지 등의 G20 정상회의 결정 사안을 중점적으로 언급했다.

이어 기자들과의 문답이 이어졌다. 생각과 달리 정해놓은 수순 없이 손을 들고 질문을 요청하는 기자에게 기회를 주었기 때문에 일말의 희망이 보였다. 그러나 그것이 헛된 희망이라는 걸 깨닫는 데는 그리 오래 걸리지 않았다.

AFP를 비롯한 몇몇 엘리제궁 출입기자들과 프랑스 유력지 기자들에게만

서울 G20 정상회의에 참석한 사르코지 프랑스 대통령 기자회견장에서 연합뉴스 기자가 질문하고 있다. [프랑스 엘리제 대통령궁 공식 홈페이지 캡처] (2010.11.14)

기회가 갈 뿐, 매번 손을 높이 치켜든 우리에겐 마이크를 내주지 않는 것이었다. 게다가 한국 기자 중에선 우리만 얼굴이 시뻘게지도록 연신 손을 들고 있었다. 어느새 40여 분 넘는 기자회견이 끝나갔다.

"이제 기자회견을 마칩니다."

이런 안내 발언이 나오고 사르코지 대통령이 준비된 서류를 정리하려 했다. 이젠 마지막이다 싶어 다른 질문을 끈질기게 하는 프랑스 기자들에 섞여 "현지 언론도 기회를 달라."고 프랑스어로 어필했다.

사르코지, 외규장각 도서 반환 공식화

"우리 친구 한국인 기자분에게도 기회를 드리겠습니다."

거머리 같은 프랑스 기자들의 질문 공세를 피하기 위해선지 기자회견장을 나가려던 사르코지 대통령이 돌아서며 이렇게 말했다.

그제야 마이크가 필자에게 왔다. 떨리는 목소리로 "기회를 주신 사르코지 대통령께 감사드린다."는 말과 함께 프랑스어로 질문을 시작했다.

"오늘 이명박 대통령을 만나시는데 외규장각 도서 반환에 대해 확답을 주실 겁니까? 양국 간에 사전에 오고간 이야기가 있을 텐데 무엇인가요?"

필자는 프랑스어로 이런 질문을 계속 이어갔다.

사르코지 佛 대통령, "외규장각 도서 대여 형식 반환"

니콜라 사르코지 프랑스 대통령이 서울 삼성동 코엑스에서 열린 기자회견에서 한국과 "외규장각 도서를 기본적으로 5년간 대여 계약을 맺고 5년마다 갱신하는 방법에 대해 합의했다."고 밝히고 있다. (2010.11.12)

한국인 기자의 입에서 나오는 유창한 프랑스어에 기분이 좋았던지 사르코지 대통령은 통역 이어폰을 내려놓고 작심한 듯 답변을 시작했다.

5분여간의 답변을 통해 사르코지 대통령은 외규장각 도서 297권을 5년 단위의 임대 형식으로 한국에 순차적으로 반환하기로 했다는 말을 쏟아냈다. 외규장각 도서가 뭔지, 한국·프랑스 간 현안이 뭔지 관심도 없던 프랑스 기자들도 "도대체 그 고문서가 뭐냐?"며 술렁이기 시작했다.

사르코지 대통령의 자세한 설명 덕에 우리는 외규장각 도서 반환 사실을 한국·프랑스 정상회담 개최 시각보다 한 시간 일찍 세상에 알릴 수 있었다. 뉴스통신사에 시간은 생명과 같다. 뿐만 아니라 그걸 외국 정상에게 직접 확인한다는 건 극히 이례적인 일이다.

프랑스 언론을 이끌다

이뿐만이 아니었다. 늦게야 이 사실이 한국·프랑스 간 주요 현안이었다는 사실을 알아챈 AFP, 르몽드, 르피가로에서도 다음날 지면에 외규장각 도서의 실질적 반환 내용을 자세히 다루었다.

르몽드의 경우 이날 기자회견장에서 사르코지 대통령이 발언한 내용을 충실히 반영하기도 했다.

외규장각 도서 반환 문제가 양국 정상회담을 통해 공식 발표가 있기 전에 프랑스 대통령의 생생한 목소리로 사실을 확인한 것이라 우리 기사의 가치는 더욱 빛났다. 거기에 더해 프랑스 매체조차 우리 기사를 따라오게 했다는 사실 또한 상당한 의미가 있을 것이다.

마침내 2011년 5월 27일 외규장각 의궤의 마지막 반환이 이루어졌다. 실로 역사적인 순간이었다.

1975년 파리국립도서관 중국 도서 보관소에서 외규장각 도서를 찾아내 세상에 알린 박병선 박사를 비롯해 많은 사람이 이 의궤 반환을 위해 노력했다. 도서 반환을 위해 일생을 바친 분들도 있다.

외규장각 의궤의 마지막 반환이 이뤄지는 걸 지켜보면서 필자도 나름대로 자부심을 느꼈다. 한국 언론 입장에서 양국 간 현안을 빠르게 알리고 상대 언론이 우리 입장에 좀 더 가깝게 보도하게끔 이끌었다는 점에서 그렇다. 하지만 이것은 우리 본연의 임무요, 당연히 해야 할 일의 일부라는 것을 생각하면 그리 우쭐해 할 일은 아닐 것이다.

'145년 만의 귀환' 특별전 언론 공개
국립중앙박물관 상설전시실 소재 특별전시실에서 풍정도감의궤를 비롯한 귀환 의궤류와 국내 관련 유물 등을 선보인 '145년 만의 귀환, 외규장각 의궤' 특별전시회가 열렸다. (2011.7.18)

다만 당시 얼굴이 뻘게지도록 손을 들고 있지 않았다면 그들이 질문할 기회라도 줬을까 하는 생각은 들었다. 연합뉴스 프랑스어 기자로서 과연 프랑스 대통령에게 공식적으로 질문할 기회를 일생에 한 번이라도 얻을 수 있을까?라는 생각을 요즘도 가끔 한다.

G20 정상회의 때 오바마 대통령이 한국 기자들에게 질문 기회를 줬는데 아무도 손을 안 들었다는 이야기가 아이러니하게 스쳐 갔다.

강정호 선수와 나(Kang & I)

: 한국발 영어 기사 미국 현지 매체를 깨웠다

영문뉴스부 스포츠 예비전문기자 유지호

2015년 1월 14일 오전. 국내 프로야구 넥센 히어로즈에서 활약하던 강정호 선수가 메이저리그 피츠버그 파이리츠Pittsburgh Pirates와의 계약을 마무리하기 위해 미국으로 출국하던 날이었다. 결론부터 말하자면, 국내 스포츠 소식을 영어로 전하는 기자로서 책임감과 부담감을 새삼스레 느낀 하루였다.

국내에서 활약하다 해외 리그로 진출하는 선수들은 보통 출국 당일 공항에서 취재진과 약식 기자회견을 한다. 성적 부진이나 다른 이유로 언론의 시선을 피하고 싶은 선수들은 소리소문 없이 조용히 떠날 때도 있지만, 대부분의 경우 국내 언론과 만나 팬들에게 인사말을 전한다.

단체 종목 해외진출 선수들은 한 시즌이 종료되고 나서야 집으로 돌아온다. 2월 스프링 캠프부터 시작해 10월에야 시즌이 끝나는 메이저리그 선수의 경우, 출국 인터뷰는 시즌 시작 전 고향에서 팬들과 소통할 마지막 기회인 셈이다.

특히 강정호 선수는 KBO리그에서 메이저리그로 직행한 최초의 '야수'로 미국에서도 큰 주목을 받았다. 해외에서 활약하는 한국 선수들과 관련된 영어 기사는 외국에서도 늘 관심을 끄는 만큼 강정호 선수의 출국 역시 연합뉴스의 존재감을 알릴 수 있는 기회였다. 필자도 여느 때처럼 기사를 위한 사전 작업을 전날 밤에 마치고 인천공항행 새벽 열차에 몸을 실었다.

열차 한 대를 불과 몇 분 차이로 놓쳐 생각보다 시간이 많이 지체됐다. 공항 출국장에 도착했을 때 이미 강정호 선수는 방송사와의 인터뷰를 마무리한 상태였고, 그 외 취재 기자들과 별도 인터뷰를 준비하고 있었다.

스포츠 취재 현장에서는 방송사 인터뷰, 그 외 활자매체 인터뷰가 따로 진행되는 경우가 있다. 전자에서는 짤막한 인사말, 각오, 소감 등이 주가 되고, 후자에서는 좀 더 긴 답변을 요구하는 질문이 포함된다. 필자는 허겁지겁 기자들이 몰려있는 곳으로 달려가 휴대전화 녹음기를 켰다.

지금 생각하면 몇 분 늦었지만 열차를 타고 간 게 그나마 다행이었다. 이날 안개가 많이 낀 영종대교 인근에서 공항버스와 승합차가 부딪치는 사고로 꽤 혼잡했다고, 차량을 이용해 공항에 온 후배 기자가 말해주었기 때문이다.

어수선한 상황에서 온 기회

강정호 선수와 취재진 사이에 소위 말하는 '흔해 빠진' 얘기가 오고 가던 중, 그의 한마디가 정신을 번쩍 들게 했다.

"꾸준히 기회만 주면 그 정도 이상은 할 거 같아요."

자신의 첫 메이저리그 시즌 성적을 예상하는 질문에 대한 답이었다.

강정호 출국 인터뷰
미국 프로야구 피츠버그 파이리츠와 계약을 앞둔 강정호 선수가 영종도 인천국제공항에서 출국하기 전 인터뷰를 하고 있다. (2015.1.14)

이 질문을 던진 모 선배가 확인 차 강정호 선수에게 물었다.

"그 이상이라 함은, 지금 유격수? 머서?"

"네."

한국에선 스타였지만 메이저리그 경험이 전무한 강정호 선수가 이미 피츠버그에서 주전 유격수로 자리 잡은 조디 머서보다 잘할 수 있다고 말한 것이다. 6분 남짓한 인터뷰 중간쯤에 나온 발언인데, 이후 강정호 선수가 무슨 말을 하는지는 귀에 들어오지 않았다. "이건 무조건 기사가 되겠구나."는 생각밖에는 안 들었다.

영어로 기사를 써야 하는 기자가 느끼는 고충 중의 하나는 취재 대상의 발언을 본 의미에 충실하면서 최대한 깔끔하게, 즉 정말 영어를 잘하는 사람이 말하는 것처럼 들리게 전달하는 것이다. 논란이 될 만한 말을 던졌을 때는 더욱 조심스러워지는 게 사실이다.

그런데 이날 강정호 선수의 말을 들었을 때는 솔직히 이런 걱정을 많이 하지 않았다. 강정호 선수가 까다로운 단어를 쓴 게 아니었기 때문이다. 인터뷰를 마치고 공항 기자실로 돌아와 출국 기사를 보낸 다음 "그보다 잘할 수 있다"는 발언을 중심으로 "강정호, 기회가 주어지면 파이리츠의 현재 유격수보다 더 잘할 자신 있어"라는 제하의 추가 기사를 작성했다.

"Given chance, Kang Jung-ho confident he can outplay incumbent shortstop on Pirates"

이 기사가 송고된 직후 지인들과 독자들이 트위터에서 기사 링크를 공유했는데, 삽시간에 '리트윗'이 되어 퍼져나갔다. 기사가 나간 시점은 피츠버그 현지 시간으로 늦은 밤이었지만, 깊은 전통을 자랑하는 야구 도시에서 열성팬들의 밤은 뜨거웠다.

팬들은 미지의 나라 한국에서 뛰었던 선수가 피츠버그에 합류할 거라는 소식에 이미 들떠 있는 상태였다. 그런데 필자가 보도한 강정호 선수의 발언으로 분위기는 더 달아올랐다. 메이저리그 공식 홈페이지인 mlb.com을 포함해 피츠버그 지역 언론들과 많은 현지 매체가 연합뉴스 영어 기사를 인용해 강정호의 말을 보도하기도 했다.

이 발언에 대한 미국 독자들의 반응은 크게 두 가지로 나뉘었다. "신인이지만 자신감 넘치는 모습이 좋다."는 의견과 "메이저리그 신인이 건방지다."는 의견으로 갈린 것이다. 일부 독자는 필자에게 "선수의 말을 제대로 전달한 게 맞나? 일부러 논란을 부추기기 위해 부풀린 건 아니냐?"고 묻기도 했다.

계속되는 해프닝

또 인터뷰 당시 녹음을 하지 않았는지도 물었다. 일부 국내 매체 기자들은 강정호 선수의 말을 조금 다르게 쓰기도 했다. 이로 인해 한국 독자들도 "시선을 끌려고 말을 지어낸 것 같다."고 비판했다. 이 때문에 휴대전화에 있던 음성 녹음 파일을 음원 공유 사이트에 올리기도 했다.

어쨌든 논란은 밤새 계속됐고, 한국 시간으로 늦은 오후에, 생각지도 않게 피츠버그 현지 라디오 방송(93.7 The Fan)과 전화 연결을 해 자초지종(?)을 설명하기에 이르렀다.

그때 필자는 "강정호도 아마 자신의 발언이 이렇게 큰 논란을 일으킬 거라고 생각 못한 것 같다."고 말했고, "강정호는 자신감이 넘치는 선수지만 자만하거나 우쭐해 하는 타입은 아니다."고도 설명했다.

심지어 필자가 이 방송에 출연한 걸 가지고 기사를 쓴 국내 매체도 있었다.

이 논란은 강정호 선수가 비행기를 타고 태평양을 건너던 중 일어난 것이다. 미국에 도착하자마자 영문도 모른 채 그 발언 취지에 대한 질문을 수도 없이 받게 된 강 선수에게 미안한 마음도 들었다.

어쨌든 그 기사로 필자는 졸지에 유명인사가 된 기분이었다. 외신 기사에 필자의 이름이 실리고 기사가 인용된 것이 처음은 아니었지만, 예전보다 더 큰 책임감과 부담을 느꼈다.

해외진출 선수의 대변인

연합뉴스의 공적기능 중 하나는 한국에서 일어나는 소식을 영어로 외국 독자들에게 충실히 전하는 것이라고 생각한다. 해외에 있는 외국인들

실전 데뷔전서 솔로포 친 강정호
미국 프로야구 피츠버그 파이리츠의 강정호 선수가 미국 플로리다주 더네딘에서 열린 토론토 블루제이스와의 시범경기에서 시원한 아치를 그린 뒤 한국, 미국, 일본 언론과 인터뷰를 하고 있다. (2015.3.4)

일 수도 있고, 한국에 살지만 언어 장벽 때문에 국내 소식도 영어로 접해야만 하는 외국인들이 될 수도 있다.

그런 면에서 연합뉴스만큼 국내 스포츠 소식을 영어로 꾸준하게, 충실히 전하는 곳은 없다고 감히 자부한다. 국내 리그에서 활약하던 선수들이 외국 무대로 진출할 때 연합뉴스 영문 기사는 특히 많은 관심을 끈다.

강정호 선수보다 한 시즌 먼저 메이저리그에 진출한 로스앤젤레스 다저스 Los Angeles Dodgers의 류현진 관련 보도 때도 그랬고, 강정호 선수 이후 2016 시즌을 앞두고 미국 무대로 나간 박병호, 김현수, 오승환, 이대호 선수 등의 보도 때도 마찬가지였다.

특히 선수들의 현장 인터뷰는 거의 빠지지 않고 커버한다. 강정호 출국 때도 다른 영어 매체들은 현장에 나오지 않았다.

필자는 강정호 선수 보도 사건(?) 이후 좀 조심스러워진 게 사실이다. 그래도 그런 부담보다는 '연합뉴스 영어 기사가 많이 읽힌다.'는 자부심이 아직은 더 크다. 개인적으로 그런 관심을 즐기려고 한다.

다음엔 어떤 선수가 해외로 나갈 것인지 벌써부터 기다려지는 건 너무 큰 욕심일까?

2016년 1월,
북한 4차 핵실험 속보

: 원자탄과 수소탄(H-bomb)의 차이

영문뉴스부 **김수연**

연합뉴스 영어 기사의 주요 독자들은 해외에 거주하는 외국인, 국내 영자신문들과 서울에 주재하는 외신들이다. 주요 외신들은 연합 영문뉴스를 실시간으로 모니터링하고 있으며 특히 북한 뉴스에 지대한 관심을 갖고 있다. 그들이 서울에 지국을 두고 있는 이유는 북한 때문이라고 해도 과언이 아니다.

통일부를 출입하면서 외신들과 외국인 독자들이 북한 뉴스에 지대한 관심을 가지고 기민하게 반응한다는 사실을 느낄 때가 많다.

북한은 취재 자체가 힘들기 때문에 각종 소스를 통해 보도되는 북한 소식이나 우리 정부의 대북정책은 외국인들도 큰 관심을 갖는 사안이다.

오늘은 별일 없겠지?

북한이 제4차 핵실험을 감행했던 2016년 1월 6일도 예외는 아니었다.

통일부를 출입하면서 "오늘은 별일 없겠지?"라고 생각하거나 말을 꺼내는 날이면 어지간한 경우를 제외하고 북한이 우리를 실망(?)시킨 적은 없었다. 통일부 출입기자 사이에서 금기시되는 말이라고나 할까.

그러나 역시 방심은 금물이다. 북한이 언제든지 핵실험을 할 수 있다고 다들 생각은 했지만 그 누가 새해 첫 주부터 할 거라고 예상했을까.

그날도 역시 그랬다. 새해 첫날 김정은 당시 북한 국방위원회 제1위원장 (2016년 5월 9일 폐막한 제7차 당 대회에서 '조선노동당 위원장'으로 취임)이 발표한 신년사에는 핵에 대한 언급이 없었다. 그렇기에 많은 전문가도 36년 만에 열

북한, '수소탄 성공' 경축 평양 군민연환대회 (2016.1.9 조선중앙통신)

리는 5월 노동당 대회를 앞두고 북한이 핵실험보다 남북관계 개선과 경제 개발에 초점을 맞출 것이라고 예상했다.

유난히 평온했던 그날 오전 10시 45분께, 북한에서 지진이 났다는 보도가 여기저기서 나오기 시작하자 기자실이 술렁거렸다. '북한에서 지진? 설마 핵실험?'이라고 스쳐갔던 생각과 불안감은 점점 현실이 돼갔다.

오전 11시 30분쯤 북한의 대내용 라디오 방송인 조선중앙방송은 평양 시간 정오에 '특별 중대보도'를 한다고 예고했고, 관련 1보를 보내자마자 평소 알고 지내는 외신기자한테서 전화가 왔다.

조선중앙통신에 나오지 않았는데 북한의 중대발표 예고는 어디에서 나왔느냐는 질문이었다. 연합뉴스는 북한의 각종 매체를 24시간 모니터링하기 때문에 관련 뉴스를 가장 빠르게 보도한다. 그 예고는 핵실험 성공을 발표할 가능성이 크다는 의미였기에 외신에서도 민감하게 반응했다.

발표 시간이 다가오자 통일부 출입기자들은 조선중앙TV를 시청하기 위해 노트북을 들고 텔레비전 앞에 삼삼오오 모여 앉았다. 북한이 4차 핵실험을 했다는 1보를 써놓고 대기했지만 시간이 다가올수록 얼마나 긴장되던지.

발표 몇 분을 앞두고 한 기자가 실수로 전기선을 잘못 건드려 텔레비전이 꺼지자 기자들 모두 "헉"하는 소리를 질렀다. 그날의 긴장감을 가장 잘 표현해주는 게 아닐까 싶다.

시간이 되자 북한 아나운서가 방송에 나와서 김정은 제1위원장이 "첫 수소탄 시험을 진행할 데 대한 명령을 하달하신…"이라고 읽어 내려가자 '수소폭탄'이구나, 생각했다.

그런데 긴장하면 평소 쓰던 영어 단어가 생각나지 않을 때가 있다. 영문기자의 비애다. 애꿎은 산소(oxygen)는 떠오르는데 순간 수소

부대 복귀하는 최전방 군인들
북한이 수소탄(수소폭탄) 형태의 4차 핵실험을 강행한 당일 강원 춘천시외버스터미널에서 휴가를 나왔던 군인들이 부대로 복귀하기 위해 버스를 기다리고 있다. (2016.1.6)

(hydrogen)란 단어는 잠시 생각이 나지 않아 1~2초간 머릿속이 하얘졌다. 다행히 수소폭탄 실험에 성공했다는 발표를 하기 전이라 정신을 차리고 좀 전에 준비해 놓은 1보를 재빨리 H−bomb이라고 고쳤다.

북한 소식과 연합뉴스

그렇게 내보낸 1보가 바로 '(URGENT) N. Korea announces that it has conducted H−bomb test'였다. 이 1보는 연합뉴스 영문 홈페이지에서 핵실험 다음 날까지 이틀 동안 가장 많이 읽은 뉴스로 기록됐다.

많은 외국인 독자들이 북한 핵 문제에 큰 관심을 갖고 있고 북한 뉴스를 접하기 위해 연합뉴스 영어서비스를 꾸준히 보고 있다는 증거이기도 하다.

북한의 제4차 핵실험 1보는 필자가 썼지만 그날 각종 1보와 스트레이트 및 분석 기사를 차례로 쏟아낼 수 있었던 것은 영문뉴스부 외교안보팀의 팀워크에 있었다.

현재 연합뉴스 영문뉴스부 외교안보팀은 외교부 2명, 통일부 1명, 국방부에 1명씩 출입하고 있다. 이날은 이 네 명의 팀워크와 '전우애'가 맘껏 발휘된 날이었다.

외교부 담당 기자들은 북한 핵실험에 대한 외교부의 반응과 유엔 안보리 긴급 소집 등을 기사화했다. 또한 국방부 출입기자는 우리 군의 대응과 북한의 수소폭탄 실험 성공 주장에 제기되는 의혹에 관해 기사를

한 · 미 북한 4차 핵실험 관련 공조방안 발표
한민구 국방장관(왼쪽)이 서울 용산 국방부 브리핑룸에서 북한의 4차 핵실험에 대한 한 · 미 양국의 공조방안을 발표하고 있다. (2016.1.7)

작성했다.

또한 당시 워싱턴과 베이징에 각각 주재하고 있는 연합뉴스 영문 특파원들은 북한 핵실험에 대한 미국과 중국의 반응을 발빠르게 전했다.

2006년 10월 북한이 첫 핵실험을 감행했을 때 필자는 입사 후 갓 수습을 떼고 영문경제뉴스부에서 기사를 쓰고 있었다. 북한의 첫 핵실험에 대해 외신들이 폭발적으로 연합뉴스를 인용했던 기억이 아직도 생생하다.

10년이 지나도 북한이 변하지 않았다는 사실은 씁쓸한 현실이지만 어느덧 시간이 흘러 필자가 북한의 4차 핵실험 기사를 썼다는 사실에 기분이 묘했던 하루였다.

개성공단 가동 전면 중단

: temporarily와 completely의 차이

영문뉴스부 김수연

정부가 개성공단 가동을 전면 중단하겠다고 발표했던 2016년 2월 10일의 일이다. 통일부는 발표 시점 전에 출입기자들에게 관련 내용을 엠바고로 백그라운드 브리핑을 했다.

2013년 4월 북한이 일방적으로 가동을 중단했던 약 5개월을 제외하고 가동이 한 번도 멈춘 적이 없던 개성공단이었기에 우리 정부의 결정이 갖는 함의는 컸다.

기사를 미리 작성하던 중 전면 중단 의미를 제대로 전달하기 위해 통일부 당국자에게 문의했다. 북한의 핵, 미사일 개발에 대한 대응으로 정부가 개성공단 가동 전면 중단이라는 카드를 꺼냈지만 북한의 비핵화 진전과 태도에 따라 향후 대화가 재개되고 공단도 재가동될 수 있기 때문이다.

어휘 선택이 판을 흔든다

발표 전에 통일부 관계자로부터 관련 부처들이 준비하고 있던 영어판 보도자료에 "temporarily(일시적으로)"가 아니라 "The government has decided to completely(완전히) shut down the Kaesong Industrial Complex,"란 표현을 쓰기로 했다고 연락을 받고 기사에 반영했다.

이는 단순히 영어 표현의 문제가 아니다. 사안의 중요성에 따라 영어 표현과 그 뉘앙스가 얼마든지 큰 여파를 만들 수 있다. 우리가 정확하게 보도해야 연합뉴스 영문 기사를 보는 독자들과 외신들이 연합뉴스에 신뢰감을 가질 수 있다.

외신들은 외교안보 관련 부처의 출입이 제한돼 있어 특히 북한 관련 중대 사안 발생시 연합뉴스 영어 속보에 많이 의존한다. 또한 미 국무부도 연합뉴스가 내보내는 영문 기사를 빈틈없이 확인하면서 한국 및 북한 관련 뉴스를 실시간으로 접하고 있다.

끊임없이 쏟아지는 북한 뉴스

평소 알고 지내는 서울 주재 한 유럽국가 외교관은 연합뉴스 영문서비스 아이폰 앱(응용 프로그램)을 통해 1보와 각종 뉴스를 챙겨본다. 특히 북한 관련 뉴스에 많은 관심을 보이며 필자에게 종종 문의하곤 한다.

북한의 핵실험 바로 다음 날 정부가 개성공단 출 · 입경 인원 제한 조치를 발표하던 날의 일도 외신의 반응을 바로 느꼈던 사례 중에 하나다.

2016년 1월 7일 통일부에서 북한의 제4차 핵실험과 관련해 개성공단 방문은 입주기업과 협력업체 관계자 등 생산 활동과 직결된 인원만 허용할 것이라고 출입기자단을 상대로 백그라운드 브리핑에서 밝혔다.

관련 내용을 듣자마자, (URGENT) S. Korea to partially ban citizens' entry into inter-Korean industrial park라고 1보를 보냈고, 브리핑을 들으면서 세부적인 내용을 기사로 작성하고 있었다.

개성공단 '중단 반년'
경기도 파주시 도라 전망대에서 바라본 황량한 개성공단의 모습. (2016.8.8)

개성공단에서의 귀환
정부가 개성공단 체류인원 전원 철수조치를 내린 이후 경기도 파주시 경의선 남북출입사무소에서 공단 차량이
귀환하고 있다. (2016.2.10)

　　그런데 브리핑 도중 갑자기 통일부 관계자가 필자에게 급히 다가오더니 1보
에 나간 "partially ban(부분적 금지)"이란 표현 때문에 한 외신에서 문의가 왔
다면서 "restrict(제한)"가 정부가 의도한 정확한 의미라고 말했다.

　　Partially ban이나 restrict나 같은 의미라 전혀 문제가 없는데 왜 저리 민
감해 할까라는 의문이 들었다. 핵실험 다음 날 정부가 개성공단 출·입경에
대한 방침을 발표한지라 개성공단 폐쇄 가능성 때문에 외신에서도 관심을 갖
고 있었던 것이다.

통일부 출입하면서 풀pool 기자로 북한에 두 번 취재를 다녀올 기회가 있었다. 2015년 7월 한참 개성공단 근로자 임금문제가 이슈였을 때 1년여 만에 열리는 개성공단 남북공동위원회 취재를 위해 개성공단을 다녀왔고, 그해 10월에는 제20차 남북 이산가족상봉 행사 취재를 위해 금강산을 방문했다.

남북관계가 좋지 않아 방북 취재가 예전보다 훨씬 제한적인 상황이지만 통일부 출입기자로 현장에서 직접 보고 느낄 수 있었던 경험이라 기억이 많이 남는다.

외국인 독자들이 많은 관심을 갖고 있는 북한 관련 뉴스를 빠르고 정확하게 전달해야겠다는 생각에 부담감도 있다. 그러나 연합뉴스 영어서비스가 북한 관련 뉴스를 '우리의 시각'으로 해외에 전파하고 있다는 점에 더 큰 보람을 느낀다.

안개 짙게 깔린 도라산역
개성공단 가동이 중단된 가운데 경기도 파주 도라산역에서 바라본 개성 방향이 짙은 안개로 뿌옇다.
(2016.2.12)

모란봉악단과 2박3일, 2015년 12월 베이징

: 한시도 마음 놓을 수 없는 북한 취재

영문뉴스부 베이징특파원(2013~2016) **김덕현**

첫째 날

북한의 김정은 노동당 위원장이 만든 모란봉악단과 공훈국가합창단이 2015년 12월 9일 베이징 친선공연을 위해 평양을 출발해 10일 베이징에 도착했다.

약 100여 명 정도로 구성된 공훈국가합창단은 김정은 일가의 우상화 가요 창작에서 독보적인 위치에 있는 합창단이고, 10인조로 알려진 모란봉악단은 김정은 체제 출범과 함께 등장했다.

최 휘 조선노동당 중앙위원회 제1부부장이 인솔하는 이 대규모 공연단은 그해 9일 평양에서 전용열차 편으로 단둥丹東에 도착한 뒤 오후 6시 30분 중국 일반 기차로 갈아타고 선양瀋陽을 거쳐 10일 오전 8시 30분 베이징 역에 도착했다.

약 두 달 전, 중국 권력서열 5위 류윈산劉雲山 중국공산당 중앙정치국 상무위원이 평양을 방문해서 김정은 위원장과 회동했기 때

숙소 떠나는 '北 걸그룹' 모란봉악단
김정은 북한 노동당 위원장이 만든 '북한판 걸그룹' 모란봉악단 단원들이 숙소인 베이징 민쭈民族호텔을 떠나고 있다. (2015.12.12)

문에 모란봉악단의 베이징 공연은 친선공연 그 이상의 의미를 띠고 있었다. 북한이 핵 문제로 냉랭했던 북·중 관계를 복원하려는 시도로 받아들여졌다.

중국공산당 중련부의 초청으로 방중한 모란봉악단의 공연 장소는 베이징 중심부의 정치색이 농후한 국가대극원. 오직 초청받은 인사들만 공연을 관람할 수 있었고, 일반 대중들은 표를 구할 수 없었다.

무려 22시간을 기차로 달려온 공연단은 베이징 역에서 차로 10분 거리인 민쭈民族호텔로 이동했다. 털모자에 군복을 입은 모란봉악단 단원들은 한국 및 일본 언론들의 밀착 취재에 별 거부감이 없어 보였다.

모란봉 단원의 도착

중국 공산당 및 북한대사관 관계자들도 기자들의 접근에 별다른 제지를 하지 않았으며, 호텔 로비에서 단원들이 묵는 방으로 올라가는 엘리베이터도 자유롭게 이용할 수 있었다.

모란봉악단 단원들은 황갈색 군복 차림이었지만 잘 손질된 단발머리와 색조 화장, 옅은 색 립스틱 등 세련된 화장을 선보이며 빼어난 미모를 자랑했다.

한 단원은 베이징에 온 기분이 어떠냐는 질문에 "환대해 주셔서 고맙게 생각합니다."라고 답했다. 공연준비를 많이 했냐는 질문에는 환하게 웃으며 "공연 보시면 알게 될 겁니다. 공연 보러 꼭 오십쇼."라고 말했다.

이때부터 민쭈호텔 로비에서는 수 십여 명의 한국, 일본 매체 기자들이 모란봉악단의 일거수일투족을 살피게 됐다.

저녁 무렵, 공훈국가합창단 단원들이 악기들을 들고 서너 대의 대형버스에 올라 공연준비를 위해 국가대극원으로 향했다. 버스에 오르기 전 호텔 외부에서 담배를 피우는 몇몇 단원들은 모란봉악단과는 달리 피곤해 보였다. 대부분 40~50대로 보였고, 기자들의 질문에 전혀 반응하지 않았다.

둘째 날

아침 7시께 민쭈호텔에 도착하니 친하게 지내는 몇몇 일본 기자들이 벌써부터 로비에 나와 있었다. 이들 말로는 아침 일찍 모란봉악단이 밴과 소형버스에 나눠 타고 어디론가 떠났다고 했다.

오전 10시께 모란봉악단이 탑승한 차량들과 지재룡 주중북한대사의 차량이 호텔 정문으로 들어왔다. 7인승 GM 뷰익 밴에서는 약 3년 전 처형됐다고 보도된 현송월 모란봉악단 단장도 내렸다.

북한판 '걸그룹' 모란봉악단 단장 현송월

김정은 북한 노동당 위원장이 만든 '북한판 걸그룹' 모란봉악단 단장인 현송월 대좌(왼쪽)가 베이징 모처를
방문한 이후 숙소인 베이징 민쭈_{民族}호텔로 들어서고 있다. (2015.12.11)

현송월 단장은 김정일 정권의 대표적 예술단체인 보천보 전자악단의 성악가수로 이름을 떨쳤고, 2012년 3월 김정은 위원장이 참석한 가운데 열린 국제부녀절 기념 은하수음악회에서 '준마처녀'를 부른 바 있다고 했다.

이들을 따라다닌 몇몇 일본 매체들에 의하면 모란봉 단원들이 근처 수족관과 박물관에 관광을 다녀왔다고 했다.

베이징에 상주하는 대부분의 일본 매체 기자들은 조선족 여자들을 스트링거로 쓰고 있다. 이들은 경력이 5~10년 정도로 한국어, 일본어, 중국어에 능통하며 북한 관련 취재에 상당한 노하우를 갖고 있었다. 또한 취재에 민감한 북한 관리들이나 일반 주민들에게 어떻게 하면 자연스럽게 코멘트를 얻어낼 수 있는지 알고 있었다.

생각보다 친절한 北 단원들

차에서 내리는 악단 단원들에게 조선족 스트링거들이 "와! 예쁘네요!"라고 칭찬하자 단원들은 부끄러운 듯 미소를 지어 보였다.

한국의 대령급인 대좌 계급장을 단 현송월 단장은 취재진의 밀착 취재에 약간 당황한 듯 보였다. 베이징 방문 소감을 물어보자 현 단장은 "누군지 소개부터 하십시오."라고 되물었다.

재차 질문하며 "서울에서 왔다."고 하자 현 단장은 놀라는 표정을 지으며 어떻게 알고 왔느냐고 물었다. 조금 의외였다. 아마도 베이징에 한국 매체 특파원들이 주재하고 있는지 전혀 모르는 눈치였다. 방중 소감으로는 "조중(북중) 친선은 우리가 알고 있던 것보다 더 뜨거운 것이구나 하는 것을 알게 됩니다."라고 답했다.

첫째 날과 달리 현 단장을 제외한 다른 단원들은 말을 아꼈지만, 그들의 표정이나 행동에서 별다른 징후는 보이지 않았다.

숙소로 들어서는 '북한판 걸그룹' 모란봉악단
김정은 북한 노동당 위원장이 만든 '북한판 걸그룹' 모란봉악단 단원들이 숙소인 베이징 민쭈^{民族}호텔로 들어서고 있다. (2015.12.11)

단원들은 첫째 날 저녁 식사는 호텔 2층에 있는 식당에서 했지만, 둘째 날 점심은 호텔 방 안에서 배달 음식으로 해결했다.

음식을 배달한 식당 관계자에 따르면 15위안에서 25위안 정도의 고추닭고기, 쇠고기덮밥 등을 북한 대사관 사람이 직접 와서 주문했다.

둘째 날 오후 모란봉악단 단원들과 공훈국가합창단 단원들이 호텔에서 나와 마지막 리허설을 위해 국가대극원으로 향했다. 리허설을 한 곳은 오페라하우스. 국가대극원에서 가장 규모가 큰 메인 공연장으로 총

관객석은 2천400여 석에 이른다.

공연 하루 전날까지도 국가대극원 정문과 오페라하우스 안팎에는 모란봉악단과 공훈국가합창단의 공연을 예고하는 어떤 안내문도 찾아볼 수 없었다. 국가대극원에 전화를 해봐도 모란봉악단 공연은 예정돼 있지만 표는 구할 수 없다는 답변만 들었다.

마지막 날

공연이 예정됐던 12일 토요일 아침. 이날도 모란봉악단은 이른 아침에 모처를 방문하고 호텔로 다시 들어갔다고 했다. 하지만 첫째, 둘째 날과 달리 호텔 정문에서 약 30m 반경으로 기자들의 접근을 막는 보안 펜스가 설치돼 있었다.

손님인 척 가장해서 로비에 들어가 봤지만 이내 공안들의 제지로 보안 펜스 밖으로 쫓겨났다. 약간 삼엄해진 경비가 좀 이상하게 생각됐지만, 현장에 있던 일본 기자들 얘기로는 공연 첫날 중국의 지도자급 인사들이 관람할 수 있기 때문에 이 정도 경비는 당연하다고 말했다. 참고로 사회주의 체제인 중국의 현장 취재는 상당히 까다로우며, 조심해야 할 일들이 많다.

영하의 추운 날씨 속에 호텔 정문이 보이는 주차장에서 모란봉악단이 나오기를 기다린 지 약 3시간이 지나자 지재룡 대사가 호텔 정문으로 나오더니 언짢은 표정으로 취재진들을 응시했다. 이내 모란봉악단 단원들이 악기를 들고 정문을 나와 차량에 탑승했다.

보안 펜스가 있어서 접근이 불가능했고, 단원들이 차량을 타고 떠나자 일본 매체 기자들은 자신들의 차량을 타고 단원들을 따라가기 시작했다.

갑작스러운 공연 취소

공연 예정 시간이 약 7시간 정도 남았기 때문에 이들이 국가대극원으로 향했을 것으로 추정하고 사무실로 돌아와 기사 쓸 준비를 시작했다.

이때까지도 모란봉악단이 전격적으로 공연을 취소하고 귀국하는 초유의 상황이 발생하리라고는 상상도 못했다. 나중에 안 사실이지만 밴을 타고 떠났던 모란봉악단 단원들은 국가대극원이 아니라 베이징 서우두공항으로 향하고 있었다.

오전 11시께 호텔을 떠난 모란봉악단은 오후 4시께 공연을 불과 3시간 앞두고 서우두공항에서 고려항공 JS152 항공편으로 출국했다. 고려항공은 낮 12시 55분 출발 예정이었으나 모란봉악단을 위해 3시간 늦춰 이륙했다.

국가대극원은 오후 4시 30분 홈페이지를 통해 공연 취소 사실을 알렸

화난 관객들
북한판 걸그룹 모란봉악단의 공연 취소 사실을 통보받지 못한 관객들이 국가대극원을 찾아 분통을 터뜨리고 있다. (2015.12.12)

는데, 공고에서 "북한 모란봉악단과 공훈국가합창단 공연이 사정상 취소됐으며 불편을 끼친 데 대해 사과의 말씀을 드린다."고 밝혔다.

이날 저녁 공훈국가합창단원들은 국가대극원에서 악기를 챙겨 열차를 타고 단둥으로 떠났다.

미스터리

모란봉악단이 전격 공연을 취소한 이유는 여전히 미스터리로 남아있다.

12일 밤 12시가 될 무렵 중국의 내각인 국무원 산하 관영 신화통신은 "실무 레벨에서 소통 문제들(communication issues at the working level)"에 원인이 있다고만 밝혔다.

이후 중국 외교부 대변인들은 매일 정례 브리핑에서 모란봉악단의 공연 취소에 대해 쏟아지는 질문을 받았지만, 신화통신 보도만 앵무새처럼 되풀이했다.

중국 정부의 보도 통제로 모란봉악단의 철수에 대해 중국 언론은 침묵으로 일관했다. 중국의 포털 바이두나 텅쉰에서는 신화통신이 내보낸 짤막한 해명만 게재한 채 모란봉악단 철수와 관련한 기사를 찾아볼 수 없었다.

철수 원인과 향후 북·중 관계에 대해 언론들은 전문가들을 인용해 다양한 기사들을 쏟아냈지만 정확한 이유는 아직도 알려진 게 없다.

또한 철수 전 북·중 교류, 협력에서 중추적인 구실을 하는 쑹타오宋濤 중국공산당 중앙위원회 대외연락부(中聯部) 부장과 왕자루이王家瑞 전 중련부장도 호텔을 찾아와 모란봉악단이 귀국하기 직전 사태를 수습하려 시도했지만 결국 무위에 그친 것으로 알려졌다.

며칠 후, 주중 한국대사관의 고위 관계자가 중국 공산당 중련부, 외교부 인사들과 접촉을 해봐도 일절 반응이 없었다고 말했다. 심지어 이 관계자의 중련부 카운터파트는 "휴대전화는 일절 안 받고, 사무실 전화로 했는데 그게 일반전화로 오니까 받은 거 같다. 그런데 굉장히 당황하면서 옆에 있는 직원한테 소리치면서 팩스 가져오라고!" 했다는 것이다.

이 관계자에 따르면 모란봉악단 공연 취소의 정확한 이유는 앞으로도 밝혀지기 어려울 것 같다. 중국 정부가 공연 취소와 관련해 함구령을 내렸기 때문으로 보인다.

현재까지 가장 상식적인 추측은 공연 내용에 김정은에 대한 우상화, 북한의 전략적 도발과 관련한 배경 화면 등이 문제가 돼서 중국 측 '실무자'가 삭제 내지는 조정을 요구했던 것 같다. 그로 인해 북한이 반발해서 철수했다는 게 가장 상식적이고 합리적인 설명일 것이다.

공연 취소의 이유

몇 달이 지나 북·중 관계에 정통한 소식통에게 모란봉악단의 철수 이유에 대해 물어본 적이 있었다.

이 소식통은 모란봉악단의 공연은 처음부터 특정한 공산당 간부들이 아니라 베이징 시민들에게 보여주려고 준비됐다고 말했다.

둘째 날 리허설 도중 공연 배경 화면에 문제가 된 장면이 있어서 삭제 또는 수정을 요구했지만 북한 측이 거부하고 철수했다는 것이다. 문제가 된 장면이 어떤 것인지는 얘기하지 않았다.

지난 5년 동안 북한 관련 취재를 하고 기사를 써 왔지만, 모란봉악단의 2박3일 베이징 체류와 초유의 공연 취소는 잊을 수 없는 교훈을 남겼다.

북한은 정말 예측불가능하기 때문에 눈으로 확인하기 전까지는 한순간도 마음을 놓을 수 없다는 것이다.

정부보다 빠른 연합뉴스

: 2015년 ARF 외교장관 회의 북 리수용 참가 확인

영문뉴스부 **이해아**

2015년 8월 말레이시아에서 아세안지역안보포럼(ARF) 외교장관 회의가 열리기 몇 주 전이었다. 연례적으로 열리는 이 회의가 국내에서 주목받는 이유 중 하나는 북한 외무상이 거의 매년 참석하기 때문이다. 남북의 외교수장이 만날 수 있는 몇 안 되는 국제 무대 중 하나인 것이다.

2015년도 ARF 회의에 리수용 북한 외무상의 참석 여부가 주목받는 가운데, 한국 외교부는 아무런 확답을 주지 않고 있었다. 공식 통보받은 게 없지만 예년 경우로 보아 리 외무상이 참석할 가능성이 높아 보인다고만 했다. 대답없는 외교부를 기대하기 보단 직접 확인하기로 했다.

취재 과정의 어려움

주말레이시아 북한 대사관에 국제전화를 걸었는데 의외로 바로 연결이 됐다. 북한 억양의 사람이 전화를 받았다. 한국 기자라

회의장 향하는 리수용

리수용 북한 외무상(가운데)이 아세안지역안보포럼(ARF) 등 아세안(ASEAN) 관련 회의가 열리는 말레이시아 쿠알라룸푸르 푸트라세계무역센터(PWTC)에서 양자회담을 위해 이동하고 있다. (2015.8.5)

는 것을 밝히고 리 외무상의 ARF 회의 참석 여부를 확인하고 싶다고 했다.

무슨 답을 들었는지 기억이 안 나지만 곧바로 전화가 끊겼다. 다시 시도를 했지만 이번엔 연결이 안 됐다.

다음날 다시 전화를 걸었다. 대사관의 여러 번호를 모두 시도한 끝에 마침내 북한 사람이 전화를 받았다. 전날과 같은 사람이었는지는 알 수 없지만 아닌 듯해서 다시 필자를 소개하고 묻고 싶은 것을 물었다.

딱딱하게 반응할 거란 예상과 달리 비교적 친절하게 응대해 주었다. 대사관에서는 확인해 줄 수 없지만 말레이시아 외교부에 전화해 보라고 했다.

바로 말레이시아 외교부 홈페이지에 들어가 관련 번호로 전화를 걸었다. 연결이 되어 알고 싶은 것을 설명하니 담당 부서로 연결해 주겠다며 전화를 돌려주었다. 하지만 실제 담당자와 통화하기까지는 여러 차례 전화를 걸어야 했다.

우여곡절 끝에 연결된 사람이 외교부 산하 아세안 사무국의 사무총장보(assistant director)였다. 설마 하는 마음으로 질문을 던졌는데 의외로 바로 답을 해주는 것이었다. 리 외무상의 참석을 확인해 줄 뿐 아니라 북한 측에서 김창민 국제기구국장도 함께 올 것이라고 알려 주었다.

보안을 지켜달라며 북한 대표단이 머무를 숙소 이름도 알려주고 본인의 휴대전화 번호를 묻자 그것 또한 알려주었다.

확실한 정보다 싶어 1진 선배에게 보고한 후 1보를 보냈다. 또한 연합뉴스 국문 통일외교팀과 내용을 공유해 한글 기사로도 송고했다.

외교부를 출입하는 영문 기자로서 보람을 느끼는 순간이었다. 영어를 자유롭게 구사할 수 있기에 말레이시아 외교부 당국자들과도 손쉽게 통화할 수 있었다고 생각한다. 국내에서 확인할 수 없는 정보를 해외에 직접 연락해서 확인할 수 있다는 것도 실감했다.

윤병세, 리수용에 악수 청해
윤병세 외교부 장관이 말레이시아 쿠알라룸푸르 푸트라세계무역센터(PWTC)에서 열린 의장국 주최 환영 만찬에 앞서 리수용 북한 외무상에게 악수를 청하기 위해 다가가고 있다. (2015.8.5)

전 세계가 취재 대상

이 보도는 다음날 국민일보, 세계일보, 코리아타임스 등 국내 매체에 전재됐다. 얼마 후 외교부 당국자가 기자실로 내려와 ARF 회의 관련 백 그라운드 브리핑을 하는 과정에서 우리 보도를 인용하며 외교부에서는 아직 확인하지 못한 사실이라고 했다.

외교부가 보도 내용에 의문을 제기하는 것처럼 들리기도 했지만, 한편 으로는 우리 외교부에서 북한 리수용 외무상의 ARF 회의 참석 여부를 확인해 주기를 꺼리는 것처럼 느껴지기도 했다.

그러나 이 사실을 가장 먼저 파악하고 있어야 할 우리 외교부가 아직 확인조차 못하고 있다는 것은 이를 파악하기 위한 노력마저 안 했다는 말로밖에 들리지 않았다.

필자가 신분도 숨기지 않은 채, 한국 기자임을 밝히고 단도직입적으로 물었을 때 말레이시아 외교부는 바로 확인을 해주었다. 만약 출입처인 한국 외교부가 이 사실을 알고 있었다면 당연히 확인을 해줘야 하는 것 아닌가라는 생각이 들었다.

이 일을 계기로 필자는 기자로서, 특히 영문 기자로서 접근할 수 있는 정보가 많고 다양하다는 것을 느꼈다. 더욱이 외교 분야에서는 어찌 보면 전 세계의 취재원을 활용해 유익한 보도를 할 수 있겠다는 자신감이 생겼다.

나는 영문 기자다

영문뉴스부 워싱턴특파원(2011~2014) **이치동**

우리나라 언론 환경에서 영어로 직접 기사를 쓰는 기자라고 하면 상당히 특수한 직업군으로 분류한다.

한국어를 모국어로 구사하면서 영어 기사를 제대로 쓰는 사람이 100명이 채 안 된다고 한다. 그만큼 자부심도 크지만 고충도 적지 않다.

한글 기사에 비해 독자층이 넓지 않아 취재원을 만들기가 어렵다. 그럼에도 취재 현장에서는 한글 기자들과 경쟁하고, 외신 기자들과는 '글발'로 승부해야 한다.

모국어가 아닌 다른 언어로 뉴스를 전하면서 팩트를 확인하고 글의 전체적 흐름을 독자들이 이해하기 쉽게 잡아가면서 어법, 표현까지 일일이 신경 써야 한다는 게 생각보다 고된 일이다. 해외 유학도 하지 않은 '토종'인 필자가 영문 기자가 된 후 지금까지 내가 가는 길이 맞는지, 잘하고 있는지 매번 고민할 수밖에 없는 이유이기도 하다.

붐비는 미 대사관 비자 창구
서울 광화문 미국대사관 비자 인터뷰 창구에서 학생들과 시민들이 미국 비자 인터뷰를 하기 위해 줄지어 대기하고 있다. (2014.7.16)

시간은 쏜 살처럼 흘러 어느새 필자도 중·고참급 기자가 됐다. 돌아보면 힘든 만큼 보람도 있었고, 제법 반향을 일으킨 기사도 썼다. 무엇보다 이른 아침 출근길에 광화문 미국대사관 근처를 지날 때면 가끔 생각나는 게 있다.

미국 비자 긴 줄서기, 바뀌어야 하지 않을까?

지금은 아련한 옛이야기가 됐지만, 비가 오나 눈이 오나 광화문 미국대사관 영사과 앞에는 미국을 방문하려는 신청자들이 비자 서류를 들고 장사진을 치곤 했다.

단 몇 분간의 미국 비자 인터뷰를 위해 전국 각지에서 올라온 신청자들은 혹시나 마음씨 좋은 영사 담당자를 만나지 않을까 하는 기대를 하며 몇 시간을 초조하게 기다렸다. 세계 경제대국으로 우뚝 선 한국의 위상에 걸맞지 않은 풍경이었다. 미국의 정책 담당자, 오피니언 리더들이 직접 읽는 영어 기사를 통해 한 번쯤 주의를 환기시킬 필요가 있다는 생각이 들었다.

2004년 연합으로 옮겨 온 필자는 부임 첫 기획기사로 이 사안을 다루기로 결심했다. 며칠간 현장에서 비자 신청자들을 인터뷰하고, 관련 여행사를 접촉한 후 미국대사관 측의 입장까지 담아 문제점을 심층적으로 지적했다.

"South Koreans take test of nerve for U.S. visa(한국인, 미국 비자를 위해 인내력 테스트를 받다)"라는 제목을 달고 나간 이 기사는 국내 영자지에 크게 실렸다.

미국대사관 측은 기사를 잘 봤다고 전하며, 이 기사는 본국 국무부 기사 스크랩에 올라갔다고 덧붙였다.

영광스럽게도 이 기사는 연합뉴스 노동조합에서 주는 '참글상'을 받기도 했다. 기자로서 받은 상 가운데 가장 소중한 상으로 아직도 필자 집에서 가장 잘 보이는 자리에 놓여있다.

해당 기사가 얼마나 큰 영향을 줬는지는 모르지만, 이후 한·미 양국은 비자면제 프로그램 협상에 돌입했고, 결국 대사관 앞 행렬은 옛이야기가 됐다. 한국 사람들이 비자 없이도 미국 여행을 하게 된 것이다.

공적기능을 주요 임무로 삼고 있는 국가기간뉴스통신사의 영문 기자로서, 좀 거창하지만 국가와 국민의 실생활에 보탬이 되도록 쓴 첫 기사가 아닌가 싶다.

같은 해 세상을 떠들썩하게 했던 성매매방지특별법 관련 취재도 잊지 못할 '추억'이다. 야간 당직 근무 중에 성매매 단속에 항의하는 윤락여성과 포주들이 집단 시위를 하고 있다는 방송 보도를 접하고 퇴근 후 곧바로 당시 성매매의 온상이었던 일명 '미아리 텍사스'로 달려갔다. 밤샘 취재 후 회사로 돌아와 스트레이트와 분석 기사를 작성했고, 아침에 데스크를 거쳐 출고됐다.

국내 영자 매체는 물론 영국의 유력 파이낸셜 타임스가 상당 부분을 참조해 관련 기사를 실었다. 한국뿐 아니라 다른 나라에서도 관심을 갖는 사안을 우리의 시각으로 생생하게 현장 취재해 충실히 전달한 것이다.

북한 문제 또한 외신이나 국제 사회의 주요 관심사다. 그런 측면에서 외교·안보 분야는 연합뉴스 영어 기사가 존재감을 발휘하기에 좋은 이슈를 제공한다. 필자 또한 외교·안보 분야에서 일할 기회가 많았다.

베이징에서 2008년 말까지 이어진 6자 회담을 여러 차례 취재하며 외신기자들과 선의의 경쟁을 하고, 연합뉴스 영어서비스의 위력을 과시하는 데 조금이나마 힘을 보탰다고 자부한다.

취재로 승부를 걸다

2009년 1월엔 당시 6자회담 차석대표이던 황준국 외교부 북핵기획단장의 전격 방북 소식을 단독 보도했다. 영변 핵시설 미사용 연료봉 처리 문제를 논의하기 위한 것으로 이명박 정부 출범 후 한국 당국자의 첫 공식 방북이었다.

외신에 비해 한국 당국자들을 자주 만나 얘기를 들을 수 있는 연합뉴스 영문 기자로서의 강점을 살린 덕이었다. 외교부 출입 기자로서 아침마다 북미, 북핵, 동북아시아 문제를 다루는 당국자들에게 전화를 하고, 사무실로 찾아가 수시로 접촉했는데 이 과정에서 황 단장의 방북 소식을 듣고 의미 있는 단독 기사를 건진 것이다.

개인적으로, 2011년 5월부터 3년 2개월 동안의 워싱턴 특파원 생활은 필자에게 그야말로 '황금기'였다.

엄청난 부담을 안고 워싱턴에 부임하면서, "한반도 문제에 대한 미국 정부의 입장을 최대한 이끌어내자. 없다면 고민하게 만들자."는 각오를 가슴에 새겼다. 주미 한국대사관보다는 미국 정부와 의회를 파고들자고 다짐했다.

다른 특파원들보다는 영어를 구사할 기회가 많았다는 장점을 활용해 백악관, 국무부, 국방부 등 주요 미 정부기관에 수시로 출입하며 미국 관리들과 자주 접촉했다.

필자가 미 국무부 정례브리핑에서 던진 첫 질문은 반기문 유엔 사무총장의 재선 도전에 대한 미국의 입장이었다. 당시 마크 토너^{Mark Toner} 부대변인이 미국 정부가 지지한다고 밝히자 AP 등 외신 기자의 보충 질문이 이어졌다.

국무부 브리핑에 거의 빠지지 않고 참석해 한반도 관련 질문을 쏟아내 "Mr. Korea"라는 별명도 얻었고, 당시 빅토리아 눌런드^{Victoria Nuland} 대변인이 유일하게 이름을 아는 한국 기자로 알려졌다.

한 · 미 자유무역협정(FTA) 발효 계기에 론 커크^{Ron Kirk} 미 무역대표부(USTR) 대표를 서면으로 단독 인터뷰하고, 웬디 커틀러^{Wendy Cutler} USTR 부대표도 직접 만나 미국의 입장을 듣고 독자들에게 전달했다.

(Yonhap Interview) FTA level playing field for U.S. automakers in S. Korea: Kirk (2011.10.18)

(Yonhap Interview) Cutler says KORUS FTA proving to be 'win-win' for U.S., S. Korea (2013.1.24)

'Freeze and degrade' strategy for N. Korean nuke program: Bader (2012/3/8)

수많은 내·외신 기자들이 일하는 워싱턴DC에서 한국 기자가 미국 정부 장관급 인사를 서면이든 직접이든 인터뷰하는 건 쉬운 일이 아니다.

꾸준한 노력의 결실, 미 국방장관 단독 인터뷰

꾸준히 펜타곤 정례 브리핑에 참석하고 정식 출입증을 받아 아시아·태평양 담당 당국자들과 어울린 덕분에 2013년 7월 척 헤이글Chuck Hagel 국방장관과 한국 언론으로는 처음으로 단독 인터뷰를 할 수 있었다.

전시작전통제권 이양 준비 관련 질문에 헤이글 장관은 귀를 의심케 하는 대답을 했다. 한국 정부가 재연기를 요청했다는 것이다.

헤이글 미 국방장관 "북한 비핵화 조치, 협상보다 우선"
척 헤이글 미국 국방장관(왼쪽)이 자신의 집무실에서 이치동 연합뉴스 영문 워싱턴 특파원과 인터뷰하고 있다.
(2013. 7. 17)

S. Korea requests another delay in OPCON transfer (2013/7/17)

(Yonhap Interview) Hagel says no change in U.S. policy until N. Korea

moves to denuclearization (2013/7/17)

이 기사는 큰 반향을 불러일으켰다. 국내 모든 일간지 1면 헤드라인을 장식했고, 월스트리트 저널, 뉴욕 타임스 등 외신에도 비중 있게 실렸다. 덕분에 회사 특종상과 한국기자협회가 수여하는 제285회 '이달의 기자상'까지 받았다.

우리 영어 기사의 수준을 인정받아 국무부와 기사 제공 관련 공식 계약을 체결하는 성과를 내기도 했다. 국무부 공보 담당자는 연합뉴스 영어 기사가 일본의 교도통신이나 중국 신화통신의 영어 기사보다 낫다고 평가했다.

2014년 2월 존 케리 국무장관이 한국, 중국, 인도네시아를 차례로 순방할 당시엔 아시아 기자로는 유일하게 전용기에 탑승해 동행 취재할 기회도 얻었다. 외국 기자의 국무장관 전용기 탑승 허용은 지극히 이례적

연합뉴스 TV 방송 리포트 준비
이치동 연합뉴스 영문 워싱턴 특파원(2011~2014)이 백악관 앞에서 방송 리포트를 준비하고 있다.

인 일이었다.

국무장관 전용기 동승 취재라는 행운을 거머쥔 것도 결국 한국을 대표하는 뉴스통신사 연합뉴스에서 일하고 있기에 가능한 일이었다.

연합뉴스 기자라는 이름에 힘입어 좋은 취재 기회를 많이 얻었고, 나름 역량도 발휘할 수 있었다고 생각한다. 이는 한국은 물론 미국 정부 관리나 학계 인사들이 연합뉴스의 위상, 공적기능, 공신력을 그만큼 인정한다는 방증이기도 하다. 그리고 이 연합뉴스에 몸담고 있는 필자는 영문 기자다.

세월호 참사
BBC와 연결하다

: BBC, 세월호 현장 소식 연합뉴스 기자 통해 전파

영문경제뉴스부 **김한주**

2014년 4월 16일 아침, 법조를 담당하고 있던 필자는 여느 날과 다름없이 서울 서초구에 위치한 서울중앙지법 기자실에 앉아서 그날 나온 판결문을 보며 기사를 쓰고 있었다.

하지만 갑자기 TV에서 나오는 속보가 필자의 시선을 사로잡았다. 청해진해운 소속 세월호가 진도 남서쪽에 위치한 맹골수도_{孟骨水道}의 거차도 인근 해상에서 침몰하고 있다는 내용이었다.

당시 세월호는 안산 단원고 학생 325명과 교사 14명을 포함한 476명의 승객을 태우고 인천을 출발해 제주로 향하던 중이었다. 그런데 유독 물살이 거센 곳으로 알려진 거차도 인근 해역에서 무슨 이유에선지 급변침을 했고, 그로 인해 선체가 옆으로 기울기 시작했다.

서울중앙지법 기자실에 앉아 어려운 판결문을 읽던 중에 지역 취재본부에서 긴급히 내보낸 속보를 보게 되었다.

"세월호 침몰 중"

하지만 현장에서 보낸 이 긴급 속보만으로는 사건의 규모나 인명 피해에 대한 판단을 하기가 어려웠다.

불길한 예감

입사한 지 4년밖에 안 되는 애송이 기자였지만 사건사고 담당을 주로 하다보니, 배가 침몰한 해난 사고 기사를 접하는 게 그리 낯선 일은 아니었다. 작은 어선이 침몰해서 어부들이 실종 사망한 사건 또한 많이 봐 왔던 터라 큰인명사고로 번질 만한 사고는 아닐 거라고 나름 희망 섞인 전망도 해 보았다.

이런 이유로 영어로 긴급기사를 뜻하는 'URGENT'를 써야 할지 고민하면서 취재를 했다. 전 세계를 대상으로 기사를 내보내기 때문에 영어로 긴급소식을 전할 경우에는 인명피해가 많거나 사회적으로 파장이 큰 사안에 한해서만 신중에 신중을 기하는 게 원칙이다.

취재를 시작하니 이때까지 필자가 접했던 사건사고와는 다르다는 느낌이들었다. 고등학교 수학여행단을 포함해 수백 명이 넘는 사람들이 탄 여객선이침몰 중이며, 해경이 이미 현장에 출동했다는 것이다. 짧은 기자 생활 동안 겪었던 가장 큰 사건사고의 취재는 이렇게 시작됐다.

오후 대부분을 세월호 관련 취재를 하면서 가장 안타깝고 신경이 쓰였던 것은 바로 세월호 승객 대부분이 부푼 마음으로 수학 여행길에 오른 경기도 안산시 소재 단원고 학생들이었다는 사실이었다.

참사 진행 과정에서 한때 다른 언론사에서는 "단원고 학생 전원 구조"라는최악의 오보가 나오기도 했다. 연합뉴스 또한 당일 오전 11시 21분 경기도교육청이 출입기자들에게 전파한 문자메시지를 근거로 "경기교육청 대책반, '단원고 학생 전원 구조'"라는 속보를 내보냈다.

모든 언론사가 앞 다투어 내보냈던 '전원 구조' 속보는 세월호 참사 보도 중대표적인 오보로 기록됐고, 전원구조는커녕 이 사고로 숨진 304명 가운데 250명이 단원고 학생들이었다.

이 오보 소동이 아니라도, 필자에게 일분일초는 그야말로 피가 마르는 시간이었다. 침몰한 배안에 갇힌 아이들을 구할 수 있을까, 어떤 방법으로 구해야 할까, 아이들의 생존 가능성은 몇 퍼센트나 될까, 배안에 있는 생존자들과 연락을 취해 볼 수는 있을까, 대체 왜 이런 사고가 났을까.

외신을 선도하다

필자가 매일매일 구조 상황을 상세히 취재해 내보낸 기사를 AP, AFP, CNN, BBC 등 여러 외신들이 인용 보도했다. 한국어를 못하는 외신 기자들은 직접 취재도 물론 하지만 연합뉴스 영문뉴스를 많이 인용한다.

그런 와중에 영국 공영방송 BBC 본사에서 연락이 왔다. 연합뉴스 영문뉴스부에서 세월호 사고를 담당하는 기자를 찾는다는 것이었다. 현재 BBC 서울지국의 특파원은 한 명뿐이라 세월호 소식을 전해주는 데 한계가 있다면서 직접 소식을 전해달라는 부탁이었다. 초빙 전문가, 혹은 객원 특파원이란 명칭으로 시간이 날 때 소식을 전해 달라는 게 부탁의 요지였다.

4년간 영문 기자로 일 한 터라 사건사고 스트레이트 기사를 쓰는 것은 큰 부담이 없었다. 하지만 방송, 특히 영어로 전 세계에 나가는 생방송을 필자가 과연 할 수 있을까, 몹시 부담이 되었다. BBC 작가는 부담 갖지 말라면서 필자가 쓴 기사처럼 그날그날 업데이트 되는 구조 상황, 실종자 상황 등을 최대한 현장의 느낌을 많이 담아서 보도하면 된다고 했다.

사고가 발생한 지 나흘쯤 되던 날, 드디어 BBC World Service에서 스카이프를 통해 현장 연결을 하기로 했다. 스카이프란 인터넷 전화로 외

'제발…'
전남 진도군 팽목항에서 구조 소식을 기다리며 밤을 지새운 실종자 가족들이 하염없이 바다를 바라보고 있는 모습. (2015.4.6)

국인들이 영상통화를 할 때 많이 쓰는 프로그램이다.

BBC뿐 아니라 CNN도 해외 소식을 전할 경우에 스카이프를 이용하는 경우가 많다. 스카이프는 화질이 안 좋고 인터넷으로 연결되다 보니 방송사고가 간혹 난다는 단점이 있다. 하지만 최대한 현장의 느낌을 전할 수 있다는 장점도 있다.

처음 써보는 프로그램인데다 생방송이기 때문에 런던에 있는 기술자와 몇 번의 리허설을 했다. 기술적으로 문제는 없는지, 어떠한 질문을 할 것인지 등의 사전작업을 거쳤다.

방송은 한국 시간으로 밤 11시가 넘어서, 대략 10분 정도 진행자와 함께하기로 했다. World News Today가 시작된 지 몇 분이 지나 전 세계적으로 가장 큰 이슈인 세월호 사고 순서가 돼 필자의 첫 생방송이 시작됐다.

불행한 사고, 냉정한 보도

진행자는 첫 질문으로 그날의 구조 상황을 물었다. 필자는 해경, 해군, 민간어선들이 어떠한 작업을 하고 있으며, 안에 갇힌 학생들의 생존 가능성을 전문가들은 어떻게 보는지 전해줬다.

특히 구조에 가장 중요한 조건인 조류와 파고 등의 기상청 자료를 준비해 전했다. 스크립트를 썼지만 가급적 상대방과 이야기를 하는 듯 해달라는 BBC 작가의 말을 기억하며 진도 팽목항의 분위기를 최대한 많이 전해주려 했다. 특히 초조하게 구조 소식을 기다리는 가족들의 심정도 생생하게 전해주려고 노력했다.

BBC 화면을 통해 자주 보던 진행자는 왜 이런 참사가 났는지가 제일 궁금하다면서 그날 구조 상황에 대해 재차 물어왔다. 왜 이렇게 구조가 더딘지, 왜 이런 사고가 났는지 취재를 담당하고 있는 기자로서 화도 나고 속상했지만 평정심을 잃지 않으려 애쓰며 그날 있었던 합동대책반 브리핑 상황도 간단하게 전해주었다.

10여 분의 스카이프를 통한 생방송이 끝나고 진행자는 이렇게 마무리 지었다.

"It was Kim Han-ju from South Korea's Yonhap News Agency."

딸이 펜 기자로 활동하지만 특별히 딸의 기사를 읽을 일이 없었던 부모님이 집에서 방송 데뷔 영상을 녹화해 주셨다. 녹화된 영상에서 보니 표정이나 말투에서 방송에 어울리지 않는 어색한 웃음이 몇 차례 있었다. 그걸 보고 혹시나 시청자들이 불편해 하지 않았을까하는 걱정이 들었다.

이런 우려와 달리 다음 날 아침에 BBC World Service에서 연락이 왔다. 라디오 방송 연결도 원한다는 것이었다. 이렇게 첫 방송이 인연이 되어 BBC 라

마르지 않는 눈물
서울 광화문광장에서 열린 박근혜 대통령 퇴진과 조기탄핵을 촉구하는 올해(2017년) 첫 주말 촛불집회에 참여한 한 세월호 희생자 유가족이 눈물을 흘리고 있다. (2017.1.7)

디오의 Newsday 프로그램 등 여러 방송에서 객원 특파원으로 세월호 소식을 전해주었다.

스카이프 연결을 통해 방송을 하던 중 방송사고도 있었다. 그날은 특히 선내에서 시신 수습을 많이 한 날이었다. 생존자 가능성이 점점 희박해지는 시점이기도 해서 특히나 주목되는 리포트였다.

인터넷 연결도 잘됐고, 스크립트도 잘 준비했는데 어떤 이유인지 스카이프 연결이 생방송 중에 끊겨버렸다. 진행자는 기술적인 문제를 이야기하며 그냥 다음 소식으로 넘어갔다. BBC World Service는 트위터 계정을 통해 필자가 리포트하는 모든 소식들을 전해주었다.

"2 people are dead and 14 are injured. Over one hundred missing"
says Kim Han-ju on South Korea #ferry sinking. #BBCNewsday
"The weather has deteriorated… and the death toll risen to 9 people"
Kim Han-ju of @YonhapNews told #BBCNewsday re #SKorean ferry
disaster

기자의 임무

이렇게 실시간으로 방송에서 필자가 전한 소식이 전 세계로 퍼져나갔다. 그때마다 필자가 취재한 작은 소식들이 얼마나 큰 영향력을 가지는지 깨닫게 되었다. 또한 단어 하나하나도 고민해서 신중하게 골라야 한다는 사실을 뼈저리게 느꼈다.

그해 4월은 필자의 인생에서 가장 바쁘게 지낸 한 달이었다. 시간이 지나도 눈물은 마르지 않고 상처는 아물지 않는다. 유가족의 슬픔을 보듬기 위해 정부도 노력하고 있다고 하지만 별처럼 빛나던 아들과 딸을 떠나보낸 유족의 고통과 비탄은 여전히 끝이 보이지 않는다.

참사 1,091일 만에 인양 완료 '눈앞'
목포신항 철재부두에서 세월호 선체가 고정된 리프팅빔을 받침대 위에 거치한 뒤 모듈트랜스포터(MT)를 빼내는 작업이 한창이다. (2017.4.11)

    너무나도 비극적인 한 달을 어떠한 감정을 느낄 새도 없이 보내면서 다시 한 번 연합뉴스의 위상이 어떤지, 국내 언론사에서 유일하게 외국으로 제일 빠르고 정확하게 소식을 전하는 역할이 얼마나 중요한지 새삼 느꼈던 것 같다.

    세월호 침몰처럼 큰 사건이 있을 때는 더더욱 연합뉴스가 그 가치를 발휘한다. "바른언론 빠른통신"이라는 연합뉴스의 슬로건처럼 말이다.

'新 맹모삼천지교 in 제주'

영문경제뉴스부 **김은정**

출입처에서 연합뉴스 영문 기자라고 소개를 하면 "영어 잘 하시겠어요."라는 부러움 섞인 말을 종종 듣게 된다. 초반에는 "아, 뭘요."라는 부끄러움 반 겸손 반으로 넘겼다. 하지만 이제는 "잘해야죠. 그걸로 먹고 살아야 하는데요."라고 뻔뻔하게 응수할 정도의 능구렁이 기자가 되었다.

필자는 알파벳 대소문자를 겨우 익혀 중학교에 입학했다. 출판사 카세트테이프로 듣기 수업을 하고 5지 선다형 시험을 봤다. 야간 자율학습 시간에는 연습장에 영어단어를 쓰고 그 위에 격한 동그라미를 입혀가며 어휘를 단순 암기식으로 익힌 게 전부였다.

영어 배우러 제주로

제주 국제학교 학생들에게는 이런 이야기가 너무 먼 옛날이야기로 들릴까, 아니면 그냥 딴 세상 이야기로 들릴까.

2016년 5월에 제주 영어교육도시에 대한 기획 취재를 갔다. 조기 유학 열풍은 예전 같지 않은 반면에 제주는 교육 도시로 각광받던 시기라 그 비결이 궁금하기도 했다.

제주 영어교육도시 건설은 조기 유학 열풍을 흡수하고 외화 유출을 방지한다는 목표로 진행한 국책 사업이다. 모슬포에서 가까운 서귀포시 대정읍에 3개의 국제학교가 있고 2017년 9월에 미국 기숙학교 분교가 문을 연다.

서귀포시 대정읍에 있는 브랭섬 홀 아시아Branksome Hall Asia를 먼저 찾아갔다. 캐나다 토론토에 본교가 있는 명문 여학교이다.

넓은 대지에 펼쳐진 현대적 캠퍼스, 원어민 선생님들과 자유롭게 토론하는 학생들, 곳곳에 걸려있는 학생들의 예술 전시품들이 마치 딴 세상에 있는 느낌을 준다.

제주영어교육도시
제주 서귀포시 대정읍 상공에서 바라본 제주영어교육도시의 모습. (2016.3.16)

옆 학교인 영국 기숙학교 분교 NLCS(North London Collegiate School) 제주 역시 이국적 냄새를 물씬 풍겼다.

바람이 몹시 불어 '못살포'라고 불린 모슬포는 과거 귀양지와 일제 비행장으로 쓰였던 아픔을 간직한 곳인데, 이제 글로벌 캠퍼스 단지로 탈바꿈했다. 자식 교육 때문에 서울 강남에서 제주로 이사 온 엄마들도 여럿 있다.

이 학교들에 자녀를 입학시키려면 무엇보다 돈이 있어야 한다. 적게는 연간 3천만 원, 기숙사 포함하면 5천만 원이 넘기도 한다. 엄마가 같이 내려와 있는 가정은 별도의 생활비가 든다. 아무나 넘볼 수 없는 학교인 것이다. 그렇다고 해서 돈만 많다고 다 들어갈 수 있는 것은 아니다. 이 학교들은 영어 말하기와 쓰기 및 까다로운 시험 절차를 통과한 학생들만 갈 수 있다. 유명 연예인의 자녀들 중 오고 싶어도 입학하지 못한 사례가 여럿 있다고 한다.

유치원부터 초·중·고 과정까지 있는 세 학교는 국제교육과정 혹은 미국식 커리큘럼을 바탕으로 영어로만 수업을 진행한다.

제주에서 찾은 행복

영어로 수업을 한다는 게 '영어 잘하는 것'을 궁극적인 목표로 삼는 것은 아니다. 언어는 일종의 도구인 셈이다.

수학 시간도 공식을 외워서 문제를 푸는 데 그치지 않는다. 아이들은 삼각함수를 이용해 휠체어에 앉은 친구를 위한 최적의 난간 설계를 과제로 받는다. 직접 재보고 설계한 디자인에 대해 영어로 프레젠테이션을 하고 평가를 받는다.

수학 시간에 실습과 토론을 진행하는 모습에 주입식 암기 교육만 받은

제주영어교육도시 한국국제학교
제주영어교육도시에 문을 연 한국국제학교(Korea International School · KIS) 전경. (2015.12.26)

필자는 그저 놀라울 따름이었다.

　방과 후 과외를 할 곳도 별로 없지만 할 시간도 없다고 한다. 수업을 마치면 반드시 체육, 예술 활동 또는 방과 후 활동을 선택해서 해야 한다. 학교에서는 자고 학원에서 제2의 일과를 시작하는 입시 위주의 한국 교육의 현실과는 사뭇 다른 풍경이다.

　선생님들은 어떤 생각을 갖고 이 먼 곳까지 왔는지 궁금했다. 이 질문에 대한 교직원의 답변은 필자를 당황하게 했다.

　"언제가 가장 힘드십니까?"

　"저는 여기 있는 매 순간순간이 너무 행복해요."

　혹시 인터뷰라서 과장하는 건 아닌지 뚫어져라 얼굴을 살폈다. 꾸미는 기

색은 없었다.

　서울에서 인터뷰한 일반 기업의 사장이나 직원들의 입에서는 한 번도 나오지 않았던 말이었다. 무한 경쟁, 생존 전략 등 이른바 21세기 초반 글로벌 경제위기를 겪은 후 생겨난 '뉴 노멀^{New Normal} 시대'라는 개념에 어울릴 만한 용어는 인터뷰 내내 나오지 않았다.

　학교 운영 법인 해울 대표 및 추가 학생 인터뷰를 마치고서야 서울행 비행기에 몸을 실었다.

　강풍 때문에 한참 대기하다 뜬 비행기 아래로 한라산이 어슴푸레 보였다. 세월은 변했다. "사람은 서울로 보내고 말은 제주로 보낸다."는 속담은 이제 옛말이 되었다.

제주영어도시에 영국 NLCS 국제학교 첫 삽
제주도 서귀포시 제주영어교육도시에서 열린 영국의 명문 사립학교인 노스 런던 칼리지어트 스쿨(North London Collegiate School: NLCS)이 설립하는 국제학교 'NLCS-Jeju' 착공식. (2010.8.4.)

　　강남 엄마들이나 중국인 투자자들 사이에서 제주는 부동산 투자뿐만 아니라 자녀 교육으로 각광받는 지역중의 하나였다.

　　처음에는 '귀족학교'라는 선입견도 있었지만 무엇이든 물어볼 수 있는 자유로운 분위기와 학생의 가능성을 믿고 뒷받침해 주는 선생님이 부러웠다.

고마운 독자들

　　서울로 돌아와 "잠재적 기러기 가족들이 제주도로 우회한다."는 영문 기획기사(feature)와 "2018년 안에 흑자 전환할 것"이라는 제목의 학교 운영 법인 해울 정욱수 대표 인터뷰 기사 두 건을 송고했다.

　　기사는 코리아헤럴드와 같은 국내 영자지 및 미국 온라인 신문 글로벌 포스트 등 주요 영어 매체에 전재됐다. 또 영·미권 교육 사이트, 유학 정보 공유 포털 및 SNS를 통해 외국 독자들에게도 전달됐다.

　　한국에서 학생 홈스테이를 해 본 경험이 있는 영·미권 독자부터 한국에 체류 중인 영어 교사까지 필자가 송고한 기사에 대한 반응은 다양했다. 제주에 분교를 검토하는 학교 관계자나 학생을 유학 보내려는 아시아권 부모들도 특별한 관심을 보였다.

개인적으로는 이런 교육 제도를 일부만 누릴 게 아니라 대다수 학생들이, 장차 내 자식들이 누릴 수 있길 바랐다.

대한민국이 좁은 땅에서 서로 밟고 일어서야 하는 각박한 사회가 되었다고 개탄하는 사람들이 늘고 있다. 다름을 인정하고 공존할 수 있는 미래를 원한다고 말하면 혹자는 아직 꿈을 꾸고 있냐는 핀잔을 늘어놓을 수도 있을 것이다.

하지만 "교육이 좋은 대학, 좋은 직장이란 종착점에 도달하기 위한 수단으로 이용되기보다 아이들의 개성을 인정하고 잠재력을 실현하는 장이 된다면 다음 세대의 대한민국은 달라질 수 있지 않을까?"라는 생각을 해본다.

'노루귀'와
'노루 귀'에 대한 의무

: 인천공항 폭발 의심물과 아랍어 메모

아랍어뉴스팀 **박인숙**

　　2016년 1월의 마지막 토요일 오전, 휴대전화에 진동음과 함께 한 줄 속보가 숨 가쁘게 떠올랐다.

　　"인천공항 폭발물 의심… 아랍어 경고 메모지도 발견"

　　그 순간, '어쩌나' 하는 걱정으로 가슴이 철렁 내려앉았다. 세계 1위의 서비스를 자랑하는 인천공항에서 폭발물이라도 터지는 날에는 그 충격이 엄청나지 않겠는가 하는 걱정과 국내에 거주하는 아랍인들에게 미칠 파장도 심히 걱정되었다.

　　얼마 전, 이슬람 무장 세력인 '이슬람국가'(IS)가 발표한 공격대상국 60개국에 한국도 포함됐다. 드디어 그날이 오고 만 것인가.

　　일단은 한국에 주둔한 미군이 첫 번째 표적이 될 가능성이 높았다. 하지만 한국에서 테러 사건이 난다면 그 여파는 상상을 초월할 정도로 클 것이라는 생각이 들었다.

　　다행히 이 같은 염려는 그날 저녁 경찰이 공개한 아랍어 경고 메모를 보고 나서 기우에 불과했다는 생각으로 바뀌었다. 공개된

경찰특공대, 인천공항 순찰 활동
인천지방경찰청 경찰특공대원들이 인천국제공항 여객터미널에서 순찰하고 있다. (2016.9.23)

경고 메모는 당초 우려했던 협박문과는 완전히 달랐기 때문이다. 이 협박문은 아랍어를 모르는 사람이 구글 번역기를 이용해서 만들어냈을 것이라는 예감이 들었다.

다음날, 언론은 경찰이 협박문의 정체를 전문가에게 의뢰했다고 보도했다. 작성자가 아랍인인지 아닌지에 대한 의견도 분분했다. 아랍어를 상당히 잘 아는 사람이 작성한 문구라는 아랍어 전문가의 진단도 있었다.

경고문은 석 줄짜리로 간명했다. 첫 문장은 "이것이 마지막 경고이다."라는 문장이었다. 절반가량 지워진 두 번째 문장은 첫 문장과 연결돼 "당신에게 보내는 이"라는 의미로 해석됐다. 그리고 세 번째 줄은 "알라가 알라를 처벌한다."는 경고였다.

합리적 의구심의 시작

이튿날 오전, 처리해야 할 일들이 많았음에도 필자는 이 사건에 대해서 뭔가 더 해야 한다는 생각이 끊이질 않았다. 일종의 강박감이기도 했다.

결국 이 사건의 관련 기사를 작성해 온 연합뉴스 인천취재본부의 손현규 기자에게 서둘러 메일을 보냈다. 공항 메모가 아랍인이나 무슬림이 쓴 것일 수 없는 이유를 적어 다음과 같은 메일을 보냈다.

테러조직들의 경고문에는 보통 "억압자들은 그 결과를 받게 될 것이다."는 코란(이슬람 경전)의 한 구절을 인용하거나, 적어도 서두에 "자비롭고 자애로우신 알라(하느님)의 이름으로"라고 적는다. 그런데 공항 메모에는 그런 문구가 없다.

"이것이 마지막 경고이다."라는 문장도 구글 번역기에 넣어 돌려보면 100% 똑같은 아랍어 문장이 나온다. "너에게 속한다."라는 두 번째 문장은 문법이 틀리고 뒷부분은 지워져 있다.

폭발물 의심 물체 발견된 인천공항 화장실
인천국제공항에서 폭발물 의심 물체가 발견돼 용의자 추적에 나선 경찰들이 폭발물 의심 물체가 발견된 화장실을 경계하고 있다. (2016.1.30)

"알라가 알라를 처벌한다."라는 세 번째 글귀는 "알라가 당신들을 처벌할 것이다."라고 쓰는 게 맞다. "알라가 알라를 처벌한다."는 표현은 아랍인이나, 비(非) 아랍 무슬림이라면 절대로 쓸 수 없는 문장이다. 따라서 공항 메모는 한국인에 의해 작성된 것일 수 있다.

손 기자 및 안수훈 당시 전국부장과 연락을 주고받으며 의견을 교환한 뒤 〈'인천공항 아랍어 협박 메모' 구글 번역기 돌렸다〉, 〈연합뉴스 아랍 전문가 "인천공항 협박은 테러와 무관"〉 제하의 단독기사가 2월 2일 속속 송고됐다. 그리고 그날 오후 연합뉴스TV에 출연해 구글 번역기 사용을 시연하고, 공항메모가 이슬람계 테러와 무관하다는 의견을 피력했다.

아랍어로도 작성된 이 기사는 다음날 연합뉴스 아랍어뉴스 사이트에서 가장 많이 본 뉴스 1위에 올랐다. 다수의 해외 아랍어 뉴스 사이트에도 일제히 전재됐다.

경찰에서 의뢰한 아랍어 전문가들이 신중론으로 일관할 때, 필자는 확신에 찬 어조로 용의자가 한국인일 가능성이 높다고 주장해 지인들로부터 걱정을 사기도 했다.

이러다 외국인이 잡히면 어쩌나 하는 염려도 들었지만 당시로선 그게 최상의 판단이었다. 결과는 경찰의 수사에 의해 밝혀지겠지만 아랍어 뉴스를 생업으로 하는 언론인이 져야 하는 당연한 책무라고 생각했다.

걱정스러움이 뿌듯함으로

사건의 진실은 이틀 뒤 밝혀졌다. 필자의 주장대로 아랍인이 아닌 비무슬림 한국인 용의자가 체포됐다. 사회에 불만이 있는 범인의 소행이었던 것이다. 그는 외국인 범죄로 보이게 하기 위해 구글 번역기로 아랍어 문장을 출력해 경고문을 작성했다고 자백했다.

경찰에 둘러싸인 '인천공항 협박범'
인천국제공항 화장실에 폭발물 의심 물체와 아랍어로 된 협박성 메모지를 남긴 혐의로 구속영장이 신청된 A씨 (빨간색 상의)가 현장검증을 마치고 범행 장소인 인천시 중구 인천국제공항 입국장 남자화장실에서 나오고 있다. (2016.2.5)

    용의자의 이 같은 자백으로 당초의 염려는 뿌듯함으로 바뀌었다. 사회적 불만이 범행동기였을 뿐 반(反)이슬람 정서를 의도적으로 조장하기 위한 시도가 아니어서 다행이기도 했다.

    이 사건을 통해 느낀 바가 많다. 우선 쉽게 넘어 갈 수도 있는 문제였지만 사건에 적극적인 태도로 임함으로써 범인 체포에 어느 정도 기여하지 않았나 하는 자부심이 들었다. 그리고 한국인들이 선뜻 생각하기 쉽지 않은 국내 아랍인들의 염려를 대변해 줬다는 안도감과 성취감으로 가슴이 뿌듯했다.

    실제로, 아랍어 기사를 읽은 무함마드 알하리 주한 오만 대사는 필자에게 감사하다는 메시지를 곧바로 보내왔다. 연합뉴스 아랍전문가의 분석이 논리

적이고 정확하며 이 기사가 한글로도 보도됐으면 한다고 덧붙였다. 이
에 한국어로도 이미 보도됐다고 회답했더니 대사는 거듭 감사하다고 말
했다.

주한 사우디 대사관의 파하드 알무테이리 대리 대사 역시 대사관 직
원을 통해 사실보도와 공정보도를 위해 노력을 기울여준 정성에 고마움
을 전한다고 알려왔다.

이뿐 아니라 주변의 아랍 출신 지인들도 고마움과 만족감을 잇달아 표
시했다. 이들은 메르스(MERS, 중동호흡기증후군) 사태로 그 발원지인 사
우디아라비아를 비롯한 중동지역의 입국자들에 대한 검역이 강화됐을
때 아랍인들을 꺼리는 시선을 느꼈다고 했다.

이들은 이번 사건이 미해결된 채 넘어간다면 이슬람에 대한 경계심이
더욱 커지고 무고한 사람들이 용의 선상에 오를 가능성이 있다며 걱정
하던 터였다.

서울 무슬림의 라마단 예배
이슬람 금식월인 라마단 기간 중 서울 한남동 한국이슬람교중앙회 서울중앙성원을 찾은 신자들이 예배를
올리고 있다. (2015.3.1)

연합뉴스 아랍어 뉴스팀에 소속된 필자의 본연 임무는 국내 주요 뉴스를 아랍어로 보도하는 것이다.

　물론 원문의 글자 하나하나를 좇아 그대로 하는 직역이 아니라 야생 다년생 식물 '노루귀'와 동물 노루의 귀인 '노루 귀'의 차이를 아는 기자로서의 역할이어야 함도 잊지 않고 있다. 평소 주머니 속으로 만지작거리던 이런 생각들이 이번 인천공항 사건 보도를 통해 좀 더 확고해졌다는 느낌이다.

　이번 사건을 분석한 연합뉴스의 한글, 아랍어 기사는 한국 사회에는 테러 위협으로부터 안도감을 주었고, 한국에 거주하는 아랍인 커뮤니티에는 소수에 대한 대변자 역할을 했다는 평가를 해본다.

시장을 흔드는
금융·경제지표 영어 속보

영문뉴스부 **김수연**

연합뉴스에 입사해 영문 기자로 일한 지 벌써 10년이 넘었다. 그동안 현장에서 많이 들었던 질문 중의 하나가 연합뉴스 영어서비스의 독자는 누구냐는 질문이다. 필자 또한 기사를 쓸 때 스스로에게 가장 많이 던졌던 질문이기도 하다. 독자에 대한 고민은 어떤 기사를 쓸 것인가, 기사를 어떻게 풀어나갈 것인가와 직결된 문제이기 때문이다.

연합뉴스 영문 기사의 독자들은 좁게 보면, 국내 영자신문과 서울에 주재하는 외신 기자들이다. 독자의 폭을 넓히자면, 국내 뉴스를 영어로 읽고자 하는 국내 독자들과 해외에 거주하는 외국인이다.

입사 후 선배들이 필자에게 가장 먼저 들려준 조언은 한국에 대해 아무런 정보가 없는 외국인이 읽어도 쉽게 이해할 수 있도록 기사를 쓰라는 것이었다.

해외에 거주하는 외국인들은 우리가 흔히 알고 있는 정치인의 이름을 모를 뿐만 아니라 그들에 대한 배경 지식도 없다. 심지어 남북한이 분단국가인지조차 모르는 외국인도 많다. 영어로 기사를 쓸 때 맥락(context)과 배경을 적절하게 배치해야만 하는 이유는 바로 영어 기사의 독자는 외국인이기 때문이다. 이 점은 다른 영자신문이나 외신들도 크게 다르지 않을 것이라 생각한다.

속보의 중요성

그러면 국내 영자매체 시장에서 연합뉴스 영어서비스가 다른 영자신문 및 외신들과 차별화된 점은 무엇인가.

입사 후 약 8년간 주로 금융시장과 거시경제 관련 기사를 썼던 필자의 경험

금융통화위원회 회의를 시작하는 한은 총재
이성태 한국은행 총재가 서울 남대문로 한국은행 본점에서 금융통화위원회 회의를 시작하고 있다. (2009.8.11)

을 바탕으로 말해 보고자 한다.

필자가 주로 출입했던 한국은행에서는 국내총생산(GDP), 국제수지 등 주요 경제지표 등을 오전 8시에 발표한다. 엠바고를 전제로 현장에 있는 출입기자들에게 보도자료를 보통 20~30분 전에 배포했다. 그러면 필자는 숫자로 가득한 자료를 보고 짧은 시간에 그 숫자의 의미를 분석해서 기사로 작성했다.

대체로 영자신문을 비롯한 신문 매체는 지면의 제약 때문에 모든 경제 데이터를 기사화할 수 없어 주요 지표 위주로 기사를 작성한다. 또한 주요 경제지표라 할지라도 큰 특징이 없으면 기사화하지 않는 경우가 많다.

국가기간뉴스통신사이기에 연합뉴스 영문경제뉴스부는 출입처에서 발표하는 경제지표를 기본적으로 모두 기사화한다. 개인적으로, 필자는 다양한 경제지표의 의미를 읽고 기사를 쓰면서 거시 경제와 시장을 보는 안목을 키울 수 있었던 것 같다.

특히 한국은행에 출입한 지 6개월쯤 되던 2008년 9월, 리먼 브러더스 파산의 여파로 한국경제도 휘청거렸고 금융시장은 매일같이 요동쳤다. 당시 정부와 한은은 각종 시장안정화 조치를 발표하고 기준금리를 계속 인하했는데 상황이 상황인 만큼 필자도 긴급기사를 많이 썼다.

늘 0.25%포인트씩 금리를 조정하던 한은이 2008년 10월부터 2009년 2월까지 총 3.25%포인트를 인하했고, 특히 2008년 12월에는 한 번에 기준금리를 사상 최대 폭인 1%포인트나 내렸다. 당시 금융통화위원회가 열리는 날이면 기자실에는 긴장감이 감돌았는데, 기준금리를 1%포인트 내린다고 발표하자 여기저기서 짧은 탄성이 흘러나왔다.

보통 금통위가 열리는 날이면 미리 1보를 준비해 놓는데 그날도 0.25%포인트부터 0.75%포인트 인하까지 세 가지 버전으로 1보와 그에 따른 기사를 작성해 놓고 대기 중이었다.

'설마 1%포인트까지 내릴까'하는 생각으로 기다리던 필자도 발표 내용을 듣고 순간 잠시 당황하며 준비했던 1보를 재빨리 고쳐 내보냈던 기억이 생생하다. 신문사라면 그렇게까지 긴장하며 1보를 보내는 경험을 해 보지 못했을 것이다.

역사의 현장에서 다른 언론들보다 좀 더 빠르게 뉴스를 전하는 역할을 하는 통신사 기자 생활은 힘들지만 그만큼 보람이 있다.

아르헨티나 충격으로 급락한 코스피
아르헨티나 페소화 가치 급락으로 인한 국내 금융시장 충격이 이어지는 가운데 외환은행 본점 딜링룸에서 딜러들이 바쁘게 일하고 있다. (2014.1.27)

시각에 따른 보도 차이

통신사라는 점에서 연합뉴스 영어서비스는 AP, AFP, 블룸버그, 로이터, 다우존스 등 외신과 비슷한 점이 많다. 그러나 연합뉴스 영어서비스가 외신과 가장 다른 점은 우리의 시각이 담긴 기사를 영어로 쓴다는 것이다. 독자가 외국인이라는 점은 같을지 모르나 기사의 관점이나 풀어내는 방식에서 한국인의 시각이 반영된다.

일례로, 구로다 하루히코黑田東彦 일본은행 총재가 2009년 9월 서울을 방문했을 때 필자는 그를 인터뷰했다. 당시 그는 아시아개발은행(ADB) 총재를 맡고 있었고, 한국경제는 정부와 한국은행의 적극적인 확장적 재정정책, 통화정책의 영향으로 금융위기의 여파에서 빠르게 회복하던 시기였다.

그때 필자가 구로다 총재에게 한국경제의 전반에 대한 평가와 금융위기 이후의 출구전략 시점 등에 대해 질문하고 쓴 기사의 주요 내용은 다음과 같다.

> "The South Korean economy will likely show a "V-shaped" recovery on the back of a pickup in exports and domestic demand, the head of the Asian Development Bank (ADB) predicted Wednesday." (2009.9.30)

> "한국 경제는 수출과 내수의 호조에 힘입어 V자형 회복을 할 것 같다고 이날 (9월 30일) 아시아개발은행 총재가 예측했다."

필자의 기사는 구로다 총재의 한국 경제에 대한 전망에 중심을 두었다. 우리 입장에서는 당시 한국 경제가 'V자 형' 회복세를 나타낼 것이라는 언급이 무엇보다 중요한 일이었기 때문이다.

특히 미국발 금융위기 상황에서 아시아개발은행 총재가 한국의 경제

리먼 사태 대책 마련을 위한 경제금융상황점검회의
리먼 브러더스의 파산신청 등에 따른 국내 금융시장 충격에 대한 대책 마련을 위해 서울 팔레스 호텔에서 경제금융
상황점검회의가 열렸다. (2008.9.16)

상황이 상승곡선을 회복할 것이라고 전망했다는 점은 글로벌 시장에 상당히 큰 메시지를 던지는 것이었다.

한 경제전문 외신도 당시 구로다 총재를 별도로 인터뷰하고 기사를 내보낸 바 있다. 하지만 이 인터뷰 기사는 아시아 국가들의 경제가 빠르게 회복됨에 따라 미국, 일본, 중국보다 이들 국가가 먼저 확장적 정책을 거둬들일 수 있다는 점에 초점이 맞춰졌다. 한국 상황을 부각시키기보다 아시아 지역 전체를 조망하는 게 일반적인 외신의 시각인 것이다.

평소 친분 있는 한 외신기자에 따르면 외신의 경우 한국 경제 흐름이 글로벌 경제 동향에서 어떤 의미나 특징이 있는지 더 관심 있게 본다고 한다.

만약 한국이 금리를 인상하는 날 동남아 한 국가에서 기준금리를 더 큰 폭으로 올렸다고 가정하면 외신은 동남아 국가의 기준금리 인상에 더 많은 관심을 기울였을 것이다. 이머징 마켓 전체 규모로 볼 때 동남아 국가의 금리인상이 외신 매체 입장에서는 한국보다 중요했을 것이기 때문이다.

한·중 소통의 창구

: 중국어선 좌초와 생존자 확인

중국어뉴스팀 **전인경**

연합뉴스 중국어뉴스팀은 2004년 4월 창설됐다. 그간 업무로 적잖은 사람들을 만났는데, 그들 중 연합뉴스 중국어뉴스 서비스를 더 많이 알고 있는 쪽은 중국인이다.

한편으로는 다행이다 싶기도 하다. 중국어팀의 존재 이유가 중국인에게 한국의 소식을 중국어로 전파하는 것이기 때문이다. 취재 현장에서 중국어팀의 존재를 알아주는 중국인을 만날 때면 무척이나 반갑고 뿌듯하다.

중국에서 온 다급한 연락

그 중에서도 2012년 8월 29일, 중국 독자가 보내온 메일 한 통이 가장 인상 깊다. 필자가 직접 받은 메일은 아니지만, 그 해 3월 막 팀장이 돼 팀 안팎 사무를 총괄하던 터라 '새내기 팀장' 신분으로 처리한 첫 번째 민원이기도 해서 더욱 기억에 남는다.

독자는 중국 허난河南성 덩저우시鄧州市에 사는 장 모 씨였다. 장 씨는 메일로 제주도 앞바다에서 좌초한 어선의 피해자 상황을 문의하는 메일을 보내왔다.

2012년 8월 28일, 연합뉴스는 중국 산둥山東성 선적 월강성어粵江城漁 91104호와 월강성어 91105호가 제15호 태풍 '볼라벤BOLAVEN'이 몰고 온 강풍과 높은 파도로 제주 서귀포 앞바다에서 좌초돼 선원 15명이 숨지거나 실종됐다는 기사를 보도했고, 우리 팀도 즉각 관련 기사를 중국어로 제작해 보도했다.

당시 볼라벤의 위력은 상당했다. 기상청은 볼라벤이 2000년 이후 서해상을 따라 북상한 12개 태풍 가운데 가장 강한 태풍이라고 분석했다. 태풍의 진로와 근접한 제주도, 서해안과 남해안을 중심으로 최대 순간풍속 30m/s 이상의 매우 강한 바람이 불었고, 제주 산간지역에는 최고 700㎜가 넘는 폭우가 쏟아졌다.

태풍 볼라벤이 상륙한 당일에만 전국적으로 18명이 사망하고 7명이 실종됐으며, 222명의 이재민이 발생했다. 사망자에는 월강성어 어선 2척에 타고 있던 중국인 8명이 포함됐으며, 실종자 7명은 전원 월강성어 선원이었다. 따라서 볼라벤 피해와 관련한 연합뉴스 중국어 기사는 당시 중국 언론과 독자의 많은 관심을 받았다. 우리가 보도한 피해 상황 관련 기사는 환구망9), 중국신문망10) 등 10여 개의 중국 주류 언론사 또는 포털에 의해 인용되거나 전재됐다.

장 씨 역시 우리의 보도를 접한 중국 독자 중 한 명이었다. 장 씨는 월강성어 좌초 기사를 작성한 중국어팀 기자에게 '주 제주 중국총영사관' 앞으로 다음과 같은 메일을 보내왔다.

---

9) 중국 최대 일간지 인민일보의 인터넷 뉴스포털.

10) 중국 주류 통신사 '중국신문사'의 인터넷 뉴스포털.

致中国驻济州总领事馆：(중략) 由于我弟自山东威海出发随渔船远洋捕鱼，获悉这沉船新闻，我极为惶恐、担心弟弟出事。但我不知弟弟所在的渔船号，也不知他们具体在哪里捕鱼，海上无信号，弟弟手机也一直打不通。由于无法联系上弟弟，不知他是否在出事渔船上，现在我极其焦虑担心，如果可以的话，望领事能百忙中抽出时间帮我查看下出事船只上的船员中是否有我弟。万分感谢！

"동생이 산둥 웨이하이威海에서 출항한 원양어선을 탔는데 어선이 침몰했다는 기사를 보게 돼 동생에게 무슨 일이 생긴 건 아닐까 걱정스럽고 당혹스럽습니다. 그런데 동생이 탄 어선명과 작업 위치를 알지 못하며, 동생 휴대전화도 연결이 되지 않습니다. 연락이 닿지 않아 동생이 혹시 사고 어선에 타고 있었던 건 아닌지 알 수 없어 무척 초조하고 걱정스럽습니다. 바쁘시겠지만 영사님이 좌초된 어선에 제 동생이 타고 있는지 좀 알아봐주시겠습니까? 대단히 감사합니다."

이 같은 내용과 함께 장 씨는 동생의 성명, 나이, 출신 지역 등을 명기했고 거듭 감사의 말을 전했다. 짧은 글이지만 동생을 걱정하는 형의 다급하고 간절한 심정이 역력했다.

장 씨는 중국어팀을 '주(駐)제주 중국총영사관'으로 착각하고 메일을 보내온 게 분명했다. 그러나 우리의 존재를 알았는지 몰랐는지는 중요하지 않다.

장 씨는 중국어팀 기자가 작성한 기사를 보고 어선 좌초 소식을 알게 됐고, 원양어업을 나간 동생의 안위를 걱정하게 됐다. 더 나아가 절박한 심정으로 생면부지의 그 누군가에게 도움을 요청한 것이다.

발 빠른 움직임

필자는 메일을 접수하고 바로 주제주 중국총영사관과 연락을 취해 장 씨의 민원을 알렸으며, 장 씨에게는 총영사관 쪽의 담당자 성명과 연락처를 메일로 알려주었다. 글 말미에는 동생이 빠른 시일 안에 무사히 귀가해 가족과 재회하길 바란다는 메시지도 적었다.

그날 오후 5시 넘어 장 씨로부터 메일이 왔다. 장 씨는 다음과 같이 감사의 메시지를 전했다.

全记者, 您好：我已收到领事馆回复, 得知出事船只上没有我弟。得知此消息我着实长舒口气, 实在是不幸中的万幸。开始我还担心我一名小卒不会得到回复, 没想到这么快就收到了韩联社和领事馆的回复。衷心感谢您和领事馆的热忱相助！

"전 기자님, 안녕하세요. 영사관 쪽으로부터 답변을 받았습니다. 사고 어선에는 제 동생이 타고 있지 않았다고 합니다. 소식을 접하고서야 한시름 놓았습니다. 불행 중 다행입니다. 처음에는 일개 평범한 시민인 제가 답변을 받을 수 있을까 걱정했고 연합뉴스와 영사관에서 이렇게 빨리 답변을 주실 줄은 생각지도 못했습니다. 연합뉴스와 영사관의 진심어린 협조에 깊은 감사의 말씀 드립니다!"

좀 더 열심히 뛰자

장 씨는 다시 한 번 고마움을 표했고, 피해자들이 하루 빨리 고통을 극복하길 바란다는 말도 덧붙였다. 얼마나 다행인지 몰랐다. '생면부지의 그 누군가'에게 답변을 받지 못할 수도 있음을 알면서도 실낱같은 희망을 안고 메일을 보내온 장 씨, 중국 독자로부터 예상치도 못한 민원과 그 경과에 대한 감사의 답변을 받은 필자.

우리는 서로 모르는 사이였지만 소통은 무척 따뜻했다. 이번 일을 계기로 필자가 제작한 뉴스가 평범한 중국 독자에게까지 널리 전달되고 있으며, 뉴스 제작을 통해 한·중 민간의 거리를 더욱 좁힐 수 있는 역할을 할 수 있음을 확인했다.

중국 인구는 13억 명이 넘고, 그 중 인터넷 사용 인구는 7억이다. 열 명이 채 안 되는 우리 중국어팀에 7억이라는 숫자는 상상할 수 없을 정도로 버겁

난파 중국 어선의 마지막 모습
서귀포시 안덕면 대평리 포구에서 2012년 8월 27일 오후 5시 10분 촬영된 월강성어 91104호와 월강성어 91105호(뒤쪽)의 모습. 두 어선은 이튿날인 28일 새벽 제주 화순항 동방파제 남동쪽 1.8㎞ 해상에서 난파됐다. (2012.8.27)

다. 그럼에도 불구하고 장 씨와 같은 독자가 어디에선가 연합뉴스 중국어 기사를 통해 한국을 알아가고 있다고 생각하면 손을 더욱 빨리 움직이게 된다.

7억이라는 중국 독자에게 더욱 가까이 다가가기 위해, 그들에게 한국을 더욱 잘 알려나가기 위해, 필자와 팀원들은 하루하루 따뜻한 소통을 만들어낸다. 오늘도 키보드에 놓인 양손을 재촉해 본다.

언어장벽을 넘나든 취재

: 세월호 인양 상하이샐비지 잠수 총감독 인터뷰

다국어뉴스부 **중국어뉴스팀**

세월호가 침몰한 지 3년이 다 되어가던 2017년 4월 9일, 반잠수선에 실려 목포 신항에 접안해 있던 세월호 선체는 철재 부두로 옮겨지기 시작했다. 중국 해양 구난업체인 상하이샐비지가 해저에서 통째로 끌어올려 선체가 수면 위로 드러났던 3월 22일로부터 2주 이상이 지난 시점이었다.

사람들의 시선이 온통 세월호의 육상거치 여부와 실종자 유해 탐색 가능성에 쏠려 있을 무렵 세월호가 침몰했던 전남 진도군 병풍도 북방 3km 지점 맹골수도(孟骨水道)에서는 상하이샐비지 잠수 인력들의 세월호 침몰 지점 해저 탐색 작업이 분주하게 이루어지고 있었다. 실종자 유해가 유실됐을 가능성도 있고, 침몰 당시 충격으로 쓸려 나온 유류품들도 상당수 있었기 때문이다.

2015년 8월 상하이샐비지 잠수사들이 수중 작업을 시작한 지 약 20개월이 지났고, 작업 착수 613일 만에 세월호 인양 작업이 완료됐지만 중국에서 온 100여 명 가까운 잠수 인력들은 여전히

드디어 육지로 향하는 세월호
최종 점검을 마친 세월호가 본격적인 양륙 작업을 위해 반잠수선 위에서 600대의 모듈트랜스포터 위에
실린 채 부두 쪽으로 이동하고 있다. (2017.4.9)

수중에서 작업을 이어가고 있었다.

그동안 세월호 인양 방식이나 잠수사들의 작업 내용을 알려주는 보도
는 많았지만 실제 상하이샐비지 바지선 위에서 일한 사람들을 직접 인터
뷰하거나 이들의 활동에 대해 다룬 기사는 없었다.

이들 잠수부와 상하이샐비지 관계자들은 세월호가 인양되기 전까지
언론과의 접촉을 꺼리기도 했고, 작업 인력들이 중국인이라 언어 문제로
취재에 어려움이 있었기 때문이다. 게다가 작업 바지선에 통역을 대동하
고 여러 사람이 들어갈 수 있는 조건도 아니어서 이들의 활동에 대한 우
리 언론의 보도가 상대적으로 소홀(?)할 수밖에 없었다.

그러던 차에 세월호 인양이 이루어진 뒤 해양수산부로부터 상하이샐

비지 중국인 잠수 총감독 진펑(金峰·51) 씨와 인터뷰를 할 수 있도록 해주겠다는 연락이 왔다. 해수부는 인터뷰를 하는 기자가 중국어를 유창하게 해야 한다는 조건을 달았다.

현장에서 중국어 통역사를 구하기도 여의치 않고 중국인들이 한국말을 못하니 중국어를 할 줄 아는 기자가 와야 한다는 것이었다. 기초적인 중국어 회화 실력만으로는 복잡한 선박·잠수 관련 전문용어를 이해하기 어렵고, 중국어가 유창하다 해도 해양 구난이라는 특수 분야의 용어를 한국말로 쉽게 풀어내기란 여간 까다로운 일이 아니었기 때문이다.

현장에 나가 있던 연합뉴스 산업부 담당기자에게는 벅찬 인터뷰였다. 하지만 중국인 잠수사들이 세월호 인양 작업을 하면서 어떤 고충이 있었는지 자세히 알릴 수 있는 절호의 기회라 놓칠 수 없었다.

난감했던 현장 기자가 떠올린 해결책은 서울 본사 중국어뉴스팀 당직기자와 해상 바지선에 있던 상하이샐비지 잠수사가 전화 통화로 인터뷰를 진행하

다국어뉴스부 중국어뉴스팀
연합뉴스 편집국에서 기사 작성 중인 중국어뉴스팀 이 샘(왼쪽) 기자와 장리리(오른쪽) 기자.

는 것이었다.

　4월 9일 12시 30분께 중국어뉴스팀에 연락이 왔고, 당시 당직 근무 중이던 장리리 기자가 전화 인터뷰를 하기로 했다. 인력이 부족한 외국어 뉴스부문의 경우 부서별로 일요일 근무를 2인1조로 한다.

　일요일에 기사가 많지 않다 해도 두 사람이 기사 작성과 데스크 작업을 분담하면 최소한의 기사를 송고하기에도 시간이 빠듯하다. 그런데 한 명이 전화 인터뷰, 텍스트 전문 한글 번역, 해당 인터뷰 중국어 기사 작성까지 맡고 나면 원래 내보내야 하는 기사를 쓰기가 어려워진다.

　그뿐만 아니라 현장 기사를 빠르게 내보내야 하는 뉴스통신사 입장에서 여유를 갖고 인터뷰와 한글 작업, 거기다 중국어 기사 작성까지 할 수가 없었다. 비번이었던 중국어뉴스팀 이 샘 기자에게 급히 연락해 중국어 인터뷰 녹음 파일을 보내주면 한글로 풀어서 현장 기자에게 전달하도록 조치를 취한 뒤 오후 1시 40분부터 전화 인터뷰를 진행했다.

　15분간의 그리 길지 않은 인터뷰 동안, 진평 씨는 열정적으로 현장감 있는 답변을 해주었다. 장리리 기자는 현장 기자가 보내준 질문 내용을 중국어로 바꾸고 몇 가지를 추가해 인터뷰를 했다. 질문은 주로 현장 작업의 어려움에 집중됐다.

　"배가 장시간 물속에 있었기에 부식이 많이 되었고 바다 생물이 가득했다", "한국의 바다는 여름에도 매우 추웠다", "수질이 매우 탁해 시야 확보가 어려웠고 배 중앙부의 핀 안정기(Fin Stabilizer)를 절단하는 게 특히 어려웠다", "일반적으로 (배는) 물속에서 똑바로 세워 인양하는데 세월호는 기울어진 상태로 끌어올리지 않았나, 이런 적은 처음이다."[11]

11) 이 샘, 장리리, 김예나 기자, 「[단독] '세월호 현장' 중국인 잠수 총감독 "여름에도 춥고 시야 흐려", 2015년 8월부터 작업 이끄는 진평 상하이샐비지 잠수 총감독」, 연합뉴스, 2017년 4월 9일 16:34:17 송고 http://www.yonhapnews.co.kr/section/2017/04/09/7311020000AKR20170409041600003.HTML

20개월 이상 한국에 체류하면서 총감독이라는 직책에도 잠수 작업에 직접 참여한 진펑 씨는 조류가 매우 빠르고 해수가 혼탁한 열악한 환경에서 첫 잠수 작업을 통해 확인한 세월호의 상태와 작업시 맞닥뜨린 난관에 대해 적극적으로 설명해 주었다.

> 冬季潜水员需要穿注入温水的潜水服，水很冷，热水可以保护身体，不穿的话，体温下降快，穿上后可以让作业时间长一些，且可以防止潜水员感冒.

> "겨울에는 바닷물이 차가워서 온수를 주입한 잠수복을 입어야 한다. 뜨거운 물로 몸을 보호해야 하기 때문이다. 이런 잠수복을 입지 않을 경우 체온이 바로 떨어진다. 온수 잠수복을 입으면 작업시간을 좀 더 연장할 수 있고 잠수사들이 감기에 걸리는 것도 예방할 수 있다."[12]

　세월호 잠수 작업 현장에 있던 기자와 서울 본사 중국어뉴스팀 기자들의 삼각 공조를 통해 연합뉴스는 중국인 잠수사들의 작업과 침몰한 세월호를 본 첫인상 등을 단독기사로 내보낼 수 있었다. 또한 중국어 기사를 포함해 6개 언어로 진펑 씨와의 인터뷰가 세계로 전파됐다.

　외국어로 인터뷰와 취재, 기사작성이 가능한 기자가 없다면 놓칠 수밖에 없었던 기사였다.

　세월호 인양 작업에 참여한 중국인 잠수사들이 작업하는 모습과 선체를 수면 위로 끌어올리기까지 오랜 시간 겪어왔던 힘든 순간들을 모두 다 알리기에는 역부족이었다. 다만 국내 독자들에게 그동안 한 번도 접하지 못했던 상하이샐비지 소속 잠수사들의 활동과 작업현장 상황을 총감독인 진펑 씨의 입을 통해 전할 수 있었고, 중국인들을 비롯한 외국 독자들에게

---

12) 장리리 기자(記者 张黎莉), 「专访上海打捞局潜水总监金峰 : 世越号作业艰难」 韩联社. 연합뉴스 중국어서비스.
　　2017년 4월 9일, 17:07:28 송고.
　　http://chinese.yonhapnews.co.kr/allheadlines/2017/04/09/0200000000ACK20170409002200881.HTML

도 세월호 인양 작업에 참여한 중국 잠수사들의 생생한 모습을 알리는 계기가 됐다.

　상하이샐비지 잠수 총감독 진펑 씨와의 중국어 인터뷰 기사는 환구망 環球網 과 시나닷컴 新浪網, 왕이닷컴 網易網 등 10개 매체에 전재됐으며, 중국판 SNS 웨이보 조회수도 6천600회를 기록했다.

반기문 총장
한밤중에 따라다니기

: 2015년 쿠알라룸푸르 동아시아정상회의 취재기

영문경제뉴스부 **김광태**

"반 유엔총장 방북 가능성"

2015년 11월 21일 박근혜 당시 대통령은 아세안+3 정상회의와 동아시아정상회의(EAS) 참석을 위해 말레이시아 쿠알라룸푸르에 도착했다. 참석자 중에는 당시 방북 추진으로 언론의 관심을 받은 반기문 유엔 사무총장이 포함되어 있었다.

국내 언론은 21일 동아시아정상회의 갈라 만찬에서 박 대통령과 반 사무총장이 자연스럽게 만나 '반 총장의 방북 추진'과 관련해 의견을 나눌지에 관심이 모아지고 있다고 보도했다.

당시 동행했던 청와대 기자단 역시 박 대통령과 반 총장이 서로 마주칠 가능성이 있다는 사전 보도만 믿고 이들의 일정을 세세히 확인해 볼 생각은 아예 하지도 않았다. 실제로 반 총장이 말레이시아에 도착한 시각은 22일 새벽이었는데 이를 사전에 알고 있었던 사람은 아무도 없었다. 필자 또한 말레이시아 도착 직후에야 반 총장의 도착 일정을 우연치 않게 입수할 수 있었다.

모든 기자가 그랬겠지만 필자 역시 말레이시아에 오는 반 총장에게 직접 북한 방문 계획에 대해 물어봐야겠다고 생각했다. 말레이시아로 가는 내내 그 방법을 궁리해 봤지만 어떻게 해야 할지 답이 잘 떠오르지 않았다.

게다가 정상들의 회의장에는 미리 비표를 받은 공동취재단 기자들만 접근이 가능하고 일반 기자들은 길어봐야 5분가량 이어지는 정상들의 인사말 정도만 취재를 하고 밖으로 나와야 했다. 설령 정상회의장에 간다 해도 반 총장에게 개별적인 질문을 하는 것은 불가능한 상황이었다.

이런저런 고민에 빠진 채 시간은 흘러갔고 필자와 청와대 출입 기자단을 태운 대통령 전용기가 말레이시아 공항에 착륙했다.

해외 순방을 하는 대통령 전용기는 외국에 도착하면 일반 승객용 탑승교까지 가지 않고 유도로 옆 계류장에 정지한다. 대통령을 비롯한 요인들이 탈 차량이 전용기 바로 앞에 대기할 수 있고 공항 환영행사를 진행하는 데도 용이하기 때문이다. 그래서 동승한 청와대 기자단은 보통 버스를 타고 공항 청사까지 이동해 출입국 절차를 마친다.

비행기에서 빠져나와 공항에 나와 있던 말레이시아 안전요원에게 혹시나 하는 심정으로 말을 걸어봤다. 그러자 그는 자기는 영어를 못한다면서 할 줄 아는 동료 요원을 데리고 왔다. 필자는 그 안전요원에게 반 총장이 몇 시에 도착하는지 물어봤고 의외로 쉽게 답을 얻을 수 있었다.

원래 국가 원수급 요인의 동선은 비밀에 부쳐질 뿐만 아니라 처음 보는 타국 기자에게 이를 알려준다는 것 자체가 정상이 아닌 일이었다. 그런데 그 안전요원은 놀랍게도 각국 정상들이 도착하는 일정이 적힌 수첩을 펼쳐 보이며 반 총장의 도착 시간을 알려주었다.

그 수첩에 적혀 있는 반 총장의 도착 시간과 숙소를 옮겨 적으려고 볼펜을 꺼내는 순간 안전요원은 그냥 휴대전화 카메라로 찍으라고 했다. 얼른 주머니에서 휴대전화를 꺼내서 그 안전요원이 보여준 수첩을 다 찍었다. 그러고 나서 고맙다는 말을 하고 얼른 버스를 타러 이동했다.

주위를 살펴보니 필자가 맨 마지막으로 버스에 오른 것 같았다. 몇몇 청와대 관계자가 왜 늦었느냐고 물었지만 별다른 대답을 하지 않았다. 뜻밖의 수확을 얻은 기쁨에 다른 생각을 할 겨를이 없었기 때문이다.

버스 뒤쪽의 빈자리에 앉자마자 좀 전에 찍은 사진을 들여다봤다. 거기에는 반 총장 이외에도 동아시아정상회의에 참석하는 버락 오바마 미국 대통령을 비롯해 각국 정상들의 도착 시간과 머무르는 호텔까지 적혀 있었다. 마음은 벌써 반 총장에게 어떻게 접근해야 할지, 무슨 질문을 할지 등의 생각으로 가득 차 있었다.

공항에서 확인한 일정대로 반 총장은 22일 새벽에 도착했다. 결국 21일 저녁에 열리는 정상회의 갈라 만찬에 반 총장이 참가하는 건 물리적으로 불가능했던 것이다.

호텔 기자실에 있는 기자들이 박 대통령과 반 총장이 서로 만날 가능성을 이야기할 때 필자는 오늘(21일) 만남은 불가능할 것이라고 말했다. 필자가 찍은 자료를 보여주지 않고 구두로만 설명하니 일부는 믿지 않는 눈치였다.

그래도 어쩔 수 없었다. 반 총장의 코멘트를 받으면 바로 기사가 되는 건데 타사 기자들에게 이와 관련한 정보를 공유할 수는 없었다.

기나긴 새벽시간

반 총장이 다음날 새벽에 도착하면 그에게 어떻게 접근할 것인지 혼자 고민하기 시작했다. 우선 21일 저녁에 공항까지 운전해 줄 사람을 인터넷으로 알

동아시아 정상회의 기념촬영
말레이시아 쿠알라룸푸르에서 열린 동아시아정상회의(EAS)에서 각국 정상들과 반기문(맨 왼쪽) 유엔총장이 기념촬영을 하고 있다. (2015.11.22)

아봤다. 그런데 비용도 비싸고 해당시간에는 불가능하다는 말을 듣고 포기하고 '플랜 B'를 생각했다.

일단 반 총장이 머물 예정인 호텔로 가서 기다리기로 했다. 처음 가보는 쿠알라룸푸르인지라 기자단이 머무르는 르네상스 호텔부터 반 총장이 묵게 될 샹그릴라 호텔까지 가는 길은 무척 낯설었다.

사전답사를 위해 21일 오후에 기사를 송고하고 혼자 걸어서 가보기로 했다. 가는 도중에 열대성 소나기를 만나 얼마간 비를 피했다가 샹그릴라 호텔에 도착했다. 로비에 들어가 한 바퀴 둘러보고 다시 기자단이 있는 르네상스 호텔로 되돌아왔다.

오후 기사를 마감하고 밤 12시가 되기를 기다렸다. 기자실에는 타사 기자들이 별로 없었다. 드디어 샹그릴라 호텔로 출발했다. 전날 오후에 사전답사를 해보았기 때문에 쉽게 찾아갈 줄 알았다.

그런데 한참을 걸어가도 샹그릴라 호텔은 안 나오고 자꾸 모르는 길만 나왔다. 이리저리 뛰어다니다 다시 기자단이 머무는 호텔로 돌아가 길을 물어보기로 했다.

회의 준비하는 반기문 유엔 사무총장
반기문 유엔 사무총장이 말레이시아 쿠알라룸푸르에서 열린 동아시아정상회의(EAS)에서 회의를 준비하고 있다.
(2015.11.22)

　하지만 새벽이라 물어볼 사람도 없고 물어봐도 영어가 안 되면 소용없는 일이었다. 일단 기자단 호텔로 돌아가 전날 가 봤던 길을 다시 찬찬히 생각해 보기로 했다.

　어렵사리 샹그릴라에 도착하니 양복이 땀에 흠뻑 젖어 있었다. 가쁜 숨을 몰아쉬며 로비 의자에 앉았다. 시간은 새벽 1시를 막 넘기고 있었다. 언론계에서 소위 '뻗치기'로 알려진 취재원을 계속 기다리는 일이 시작되는 순간이었다. 어떤 질문을 할까 생각하며 로비에서 기다리기로 했다.

반기문 총장과의 만남

한 시간 정도가 더 지나자 로비에 유엔 관계자로 보이는 사람들이 하나둘씩 나타나고 꽃다발을 든 사람도 보였다. 그리고 몇 십 분이 더 지나자 경찰의 호위를 받는 반 총장의 차량이 호텔 출입문 앞에 도착했다.

반 총장이 꽃다발을 받으며 걸어 들어왔다. 필자는 바짝 따라붙으려 했지만, 경호원들의 제지로 조금 거리를 둔 상태에서 보폭을 맞춰 걸으면서 큰 목소리로 "총장님, 연합뉴스 기자입니다. 방북은 12월 안에 하시는 건가요?"라고 물었다.

반 총장은 목소리가 들리는 쪽으로 고개를 돌려 필자를 바라보고는 경호원들에 둘러싸인 채 엘리베이터 쪽으로 걸어갔다. 호텔에서 필자가 던진 한국말을 이해한 사람은 반 총장과 필자뿐이었고 다른 사람들은 무슨 말을 했는지 궁금할 수밖에 없었다.

반 총장이 엘리베이터를 탄 이후에 그를 경호했던 현지 경찰이 다가와 필자를 쳐다보며 영어로 CIA 요원이냐고 물었다.

반 총장 동선을 아는 사람이 있을 리 없는데 새벽에 호텔까지 와서 반 총장에게 질문을 던져서 그런가 보다 했다. 'No'라고 대답했더니 옆에 서 있던 호텔 지배인도 필자가 누구인지 물어봤다. 한국에서 온 연합뉴스 기자라고 하니 다음엔 남한 사람인지 북한 사람인지 물었다.

호텔 로비에 잠시 더 머무르다 유엔 관계자한테 22일 아침에 반 총장이 몇 시에 호텔을 나갈 예정인지 물어봤는데 의외로 시간을 알려주었다.

그리고 나니, 잠시 후 직책이 높아 보이는 유엔 관계자가 필자에게 시간을 알려준 직원에게 뭐라고 하는 소리가 들렸다. 호텔 출입문 쪽으로 나가던 찰나 희미하게 들려 정확하지는 않았지만 아마도 외부인에게 그런 정보를 주면 안 된다고 질책을 하는 것 같았다.

손 흔드는 반기문 유엔사무총장
반기문 유엔 사무총장이 말레이시아 쿠알라룸푸르 컨벤션센터에서 열린 아세안(ASEAN) 공동체 출범 서명식에
참석하며 취재진을 향해 손을 흔들고 있다. (2015.11.22)

작지만 소중한 결과

　다시 호텔로 돌아오니 22일 새벽 3시였다. 반 총장의 북한 방문 가능성이
당시 큰 이슈였기 때문에 "U.N. chief remains mum on possible trip to N.
Korea"라는 제목으로 기사를 작성했고 영문 기사가 나간 이후에 "반기문 총
장, 내달 방북 의사 묻는 질문에 '침묵'"이라는 한글기사도 송고했다.

　기사가 나가자 일부 국내 매체들이 기사를 받았다. 기자실에 있던 청와대
출입 기자들은 필자가 어떻게 반 총장 동선을 파악해 새벽에 도착한 반 총장
이 있는 호텔에 갔는지 궁금해 했다. 반 총장 동선은 대통령을 수행하는 청와
대 관계자들도 알 수 없는 사안이기 때문이었다.

　22일 아침에 다시 호텔로 가서 반 총장이 나갈 때 다시 한 번 질문을 시도

해 보기로 했다. 호텔 로비에 갔더니 유엔 직원이 필자를 알아보고 샹그리라 호텔에 투숙하는지 물었다. 아니라고 대답하자 직원은 그럼 나가 달라고 했다. 왜 그러냐고 하자 반 총장을 호텔 로비에서 취재할 수 없다는 궁색한 변명을 했다. 그 직원은 호텔 보안 요원을 불렀고 필자는 유엔 직원과 괜히 논쟁을 해봐야 소용이 없다고 생각해서 호텔 밖에서 기다리기로 했다.

새벽에 로비에서 질문한 것을 기억했는지 반 총장이 차량 앞으로 걸어 나오면서 필자가 서 있는 곳을 향해 손을 흔들어주었다. 마침 휴대전화로 동영상을 찍고 있어서 손을 흔들지 못하고 나중에 차가 지나칠 때 가볍게 인사를 했다. 찍은 동영상을 가지고 기자단이 있는 르네상스 호텔로 돌아와 연합뉴스TV 기자에게 보여주니 그림이 된다고 해서 동영상도 전달했다.

취재진 질문에 답하는 반기문
반기문 전 유엔 사무총장이 케냐 방문을 마치고 인천공항을 통해 귀국해 기자들의 질문에 답하고 있다. (2017.2.17)

반 총장의 코멘트는 없었지만 그래도 그가 호텔에서 나와 정상회의장으로 출발하는 모습을 동영상으로라도 찍을 수 있어 다행이다 싶었다. 정상회의에서 공동취재단이 찍은 사진과 동영상이 들어오기 전에 나름 선수를 친 거라 보도 가치가 있다고 판단한 것이다.

반 총장 취재는 이래저래 힘이 들었고 방북 가능성과 관련해 주목할 만한 내용도 건지지 못했다. 하지만 반 총장을 포함한 유엔 관계자와 현장에 있던 사람들에게 연합뉴스 외국어기자의 근성을 보여줬다는 것만으로도 나름 의미가 있다고 본다.

외국어 기자건 한글 매체 기자건 사실 확인을 위해 발로 뛰는 것은 어찌 보면 매우 당연한 일이다. '나비처럼 날아 벌처럼 쏜다.'는 전설의 복서 무하마드 알리의 말처럼, 사실 확인을 위해 실낱같은 희망을 버리지 않고 어디든 부지런히 뛰어다니는 연합뉴스 외국어 기자들의 노력이 결코 헛되지 않을 것이라고 믿는다.

PART 2 외교 현안의 한가운데

오바마 미국 대통령 서면 인터뷰

: 외국어뉴스, 외교전선의 첨병

영문경제뉴스부 황두형

2009년 11월, 버락 오바마Barack Obama 대통령과의 서면 인터뷰 내용은 오바마의 아시아 순방 출발 두 시간 전에 극적으로 이메일로 전달됐다. 거의 포기하는 심정으로 국가안보회의(NSC) 대변인에게 이메일을 다시 넣고 전화를 시도하는 와중에 온 것이다.

서면 인터뷰라고 평가절하할 수도 있지만, 미국 대통령이 서면 인터뷰에 응한 전례가 드문 걸 보면 직접 인터뷰보다 더 소중한 측면이 있다. 오바마 대통령의 아시아 순방 직전 NHK, ABC, 로이터와의 인터뷰만 잡은 상태에서 백악관 국가안보회의 대변인과 부대변인의 협조가 절대적이었다.

그들도 처음엔 연합뉴스 영문 기자를 홀대한 것이 사실이다. 엄밀히 말하면, 필자는 워싱턴에 상주하는 2천 명이 넘는 외신 기자들 중 한 명일 뿐이다. 그 당시, 벤 창Ben Chang 부대변인은 부시 행정부 때부터, 그리고 마이크 해머Mike Hammer 대변인은 오바마 정부 들어 새로 만나 인사를 나누었고 백악관 브리핑에 수시로 참석해 얼굴을 익혔다.

President Obama: It is my pleasure to answer a couple questions. I am very much looking forward to my trip to Asia and visiting Seoul and meeting with President Lee. President Lee and I have established a very strong working relationship, which I think is quite evident in our close coordination on global issues, particularly on North Korea.

So let me first start with your question on North Korea.

Question: Mr. President. What is your view of North Korea's nuclear and missile programs? Are you prepared to hold bilateral talks with North Korea? Also, do you think six-party talks will work to denuclearize the North or do you have any other solutions in mind if the talks fail?

The President: North Korea's nuclear and missile capabilities are a grave concern, not only to the Republic of Korea and the United States, but to the international community. This is an issue that President Lee and I have discussed in depth and we will hold consultations on this and other subjects in Seoul later this month. President Lee and I are in full agreement on the need to achieve a comprehensive resolution of the nuclear, missile, and proliferation problems, and cooperation between our two governments is extremely close. We believe the Six-Party Talks are the best framework for reaching peaceful resolution and that the September, 2005 Joint Statement clearly lays out the goals we must achieve. We are open to a bilateral meeting as part of the Six-Party process if that will lead to an expeditious resumption of the denuclearization negotiations.

North Korea's attempt to acquire weapons of mass destruction and the means to deliver them is destabilizing and represents a threat to peace and security. This is why the United Nations Security Council adopted strong measures under Resolution 1874 and why the U.N. members states are enforcing the provisions of those resolutions. Pursuit of nuclear weapons and missile delivery systems makes North Korea and the region less secure, whereas negotiations in the Six-Party process to achieve the peaceful denuclearization of the Korean Peninsula can bring security and prosperity to North Korea and the region.

This is the choice that North Korea faces. North Korea has the opportunity to move towards acceptance by the international community if it will comply with its international obligations and live up to its own commitments. By taking irreversible steps towards the complete elimination of its nuclear program, North Korea will be following the peaceful path towards security and respect.

Question: You supported South Korea's bid to host the G20 summit in November next year. What kind of role do you expect South Korea to play in the G20 forum?

The President: South Korea's emergence as host of the G-20 Leaders Meeting next year is the latest evidence that South Korea is playing an important leadership role on the world stage. President Lee has done a superb job steering South Korea's economy through the economic downturn and now on an upward trajectory, and I am looking forward to his continued strong leadership in the Asia Pacific region on the economic policy front.

버락 오바마 서면 인터뷰
버락 오바마 미국 대통령이 아시아 순방을 앞두고 연합뉴스에 보내온 서면 인터뷰 내용. (2009.11.13)

저녁 프라임 타임에 백악관 이스트룸에서 진행하는 대통령 특별기자회견에도 반드시 참석을 했다. 이스트룸에 들어가니 깁스, 해머, 벤 창, 그리고 이매뉴얼 비서실장 등 오바마 보좌진들이 기자들이 앉아 있는 자리 뒤편에 서서 오바마 대통령의 입장을 기다렸다. 그들에게 다가가 인사를 하고, 부지런히 '눈도장'을 찍었다.

이스트룸 기자회견은 기자들이 손을 들어 질문하지 않고, 오바마 대통령이 기자들의 이름을 순서대로 한 명씩 호명하면 질의를 하는 식으로 진행됐다. 기자회견이 끝나고 대변인에게 질문 순서 등에 대해 물으니 기자단에서 정하며 질문 내용은 모른다고 했다. 그러면서 질문을 하려면 기자단 간사에게 얘기해야 한다고 했다.

이렇게 오바마 대통령의 기자회견에 꼬박 참석을 하고, 열심히 눈도장을 찍어야만 그나마 백악관 당국자들과 나눌 이야깃거리가 생긴다.

외로운 백악관 출입

몇 차례 이스트룸 기자회견에서 다른 한국 특파원은 본 적이 없고 낯익은 일본 기자 한두 명이 보였다. 백인 기자들 틈에 동양인이 드물게 보이니 오히려 백악관 당국자들과 얼굴을 익히기에는 좋았다.

대변인과 다른 당국자들을 볼 때마다 연합뉴스와 오바마 대통령의 인터뷰 요청 건을 상기시키면서 귀찮게 했더니, 벤 창 부대변인은 "대통령 인터뷰 요청이 수백 개가 대기 중이다, 그러니 조급하게 생각하지 말고 느긋이 기다려라."는 답변만 해왔다.

그러나 필자는 오바마를 보좌하는 당국자들과의 점심 약속을 지속적으로 요청했다. 그 결과 오바마 대통령 취임 후 7개월이 지난 9월 어느 날, 벤 창으로부터 점심이나 하자는 연락이 왔다. 하지만 정작 중요한 해머 대변인은 수백 명의 기자들이 밥을 먹자고 줄을 서 있어서 시간이 없다고 했다.

필자는 벤 창과의 두 번째 점심식사 자리에서 오바마 대통령과의 인터뷰 요청서와 질문서를 업데이트 해서 다시 한 번 전달했다. 이메일로도 질문서를 보내고 연합뉴스가 오바마 대통령과 인터뷰를 해야 하는 당위성을 재차 설명했다.

오바마 대통령 후보 시절 시카고의 대선 캠프에 여러 차례 전화와 이메일을 넣어도 인터뷰 요청에 대한 변변한 답변 한 번 없던 때를 생각하면 담당자라도 직접 만날 수 있는 당시는 그나마 나은 편이었다.

당시 인터뷰를 성사시키기 위해 오바마 후보의 수전 라이스^{Susan Rice} 외교 보좌관의 미국 진보센터 강연에 찾아간 적이 있다. 제지하는 경호원을 뚫고 막 차에 오르는 라이스에게 다가가 인터뷰 질문서를 전달하니 자기는 담당이 아니니 시카고 대변인실로 보내라고 했다. 그래도 끝까지 질문서를 전달하니 어정쩡한 자세지만 받기는 받았다.

필자는 비단 라이스뿐 아니라 브루킹스 연구소의 제프 베이더[Jeffrey Bader], 오바마 캠프 한반도 팀장이던 프랭크 자누지[Frank Jannuzzi] 등 오바마 외교 안보 담당 관련 보좌진들을 졸졸 따라다니며 질문서를 전달하고 오바마 인터뷰를 집요하게 요청했다.

하지만 이렇게 수시로 질문서를 전달하고, 이메일을 보내고 전화를 해도 오바마 캠프에선 일절 반응이 없었다. 그야말로 연합뉴스 워싱턴 영문특파원 취임 후 일 년 반은 미국 대통령 인터뷰 성사를 위한 고군분투의 외로운 시간이었다.

미리 본 정상회담 의제

필자가 송고한 오바마 대통령과의 서면 인터뷰 기사는 오바마 대통령 취임 후 한국 언론과 가진 최초의 인터뷰였다. 필자는 이 인터뷰가 국가기간뉴스통

오찬장 가는 한 · 미 정상
이명박 대통령과 버락 오바마 미국 대통령이 청와대에서 오찬을 함께 하기 위해 상춘재로 걸어가며 이야기를 나누고 있다. (2009.11.19)

신사로서의 연합뉴스의 위상뿐 아니라 한국의 위상을 대외적으로 높이는 데 상당한 역할을 했다고 자부한다.

핵무기를 버리면 북한의 번영을 돕겠다는 인터뷰 내용에 대해 오바마 대통령은 아시아 순방 중 지속적으로 이야기했고, 이는 뉴스를 선도하는 국가기간뉴스통신사인 연합뉴스 보도의 신뢰성과 대외 신인도 제고에 큰 도움이 됐다고 생각한다.

또한 이명박 대통령의 리더십을 평가하고 북핵 문제 등 양자와 다자 문제에 관한 견고한 한·미 공조에 만족한다는 오바마 대통령의 인터뷰 발언 내용과 이듬해 11월 5차 G20 경제정상회담 개최국으로서 국제사회에서 한국이 가지는 역할에 대한 언급은 한·미 정상회담의 성공적인 개최와 양국 정상의 우애를 돈독히 하는 데 일조했을 것이라고 믿는다.

단어 하나의 힘

: 2011년 G20 재무장관회의 보도

영문뉴스부 고병준

2011년 세계경제가 유로존 재정 문제로 요동을 치던 때의 일이다. 토요일 오전이었고, 필자는 회사에서 당직 근무를 하고 있었다. 모르는 번호로부터 전화 한 통이 걸려왔다. 전화를 건 사람은 기획재정부 대변인이었다. 당시 미국에서 열리고 있는 주요 20개국 (G20) 정상회의에서 장관을 수행 중이던 그의 목소리가 다소 상기돼 있었다.

"고 기자, 어제 나간 한 · 미 재무장관 양자회담 관련 기사 좀 고쳐주면 안될까? 그것 때문에 문제가 생겼어."

별다른 논란이 될 만한 기사를 쓴 기억이 없던 터라 상황을 자세히 물어볼 수밖에 없었다.

"한 · 미 양자회담 보도자료 보낸 게 있는데 연합뉴스 영문에서 나간 기사에 미국 측이 이의를 제기해서…"

가이트너 장관이 직접 문제 제기

내용인즉, 당시 기획재정부 출입기자로 미국에서 보내온 양자

G20 재무장관회의 참석한 박재완
박재완 기획재정부 장관이 프랑스 파리에서 열린 '프랑스 G20 재무장관 중앙은행총재회의'에 참석,
가이트너 미국 재무장관과 이야기를 나누고 있다. (2011.10.16)

회담 보도자료를 처리한 필자의 기사에 티모시 가이트너Timothy Geithner 미
재무장관이 강한 불만을 표시했다는 것이다. 일단 미 재무장관이 연합
뉴스 영문 기사를 봤다는 게 놀라웠고 다음에는 무슨 내용 때문인지가
궁금했다.

보도자료 내용에 "양측이 유로존 관련 우려에 의견을 같이했고 글로
벌 경제 위기에 공조하겠다고 합의했다."라는 내용이 있는데 미국 측에
서 "합의한 적 없다."고 반발했다는 것이다.

"작은 실수는 덮어주자"

"연합뉴스 영문 기사에 문제가 있는 건 아니고 우리 측에서 회담 결과
를 요약하다가 생긴 문제였는데 하필이면 연합뉴스 영어서비스가 그 부

분을 기사에 녹이는 바람에… 고침 기사를 내 보내줬으면 좋겠는데…"

그는 가이트너 장관이 매우 불쾌해 했으며 당장 기사 내용을 수정해 달라는 요청이 있었다며 부탁을 해왔다. 사실 확인은 불가능했지만 상황이 다소 민감하게 돌아가고 있다는 점만은 분명했다.

그래도 〈고침〉 기사를 내보낸다는 것은 기사 자체에 문제가 있었다고 대내외적으로 암시하는 거라 주저하던 필자에게 대변인의 한마디가 귀에 꽂혔다.

"저쪽에서 이런 식으로 하면 앞으로 양자회담 못하는 수도 있다고 엄포를 놓더라고…"

기사를 내리기 위한 전략이었을 수도 있지만 일단 회의를 통해 고침 기사를 내보내기로 결정했다. "agreed"에서 "shared" "He (Geithner) added"에서 "Both agreed"로 문장을 소폭 수정해서 내보냈다.

고침 기사 송고 후 기재부 측으로부터 "문제가 해결됐다. 고맙다. 서울에서 보자."는 문자를 받았다. 느낌이 묘했다. 단독도 아니고 단순히 보내준 보도자료를 쓴 건데 이런 반응이 올 줄은 생각도 못했다. 게다가 미국 재무부 쪽에서 온 반응이라니.

'내가 쓰는 영어 단어 하나가 이런 결과를 낳을 수도 있구나.'하는 두려움과 함께 미 재무부에서 연합뉴스 영문 기사를 보고 있었다는 점에도 놀랐다. 일상적으로 받아오던 보도자료 내용을 한 번쯤은 의심해 보는 습관이 생긴 것도 그때부터였다.

'한·미 FTA 재협상 시사' 특종을 잡다

: 트럼프 정부 첫 공식 보고서 확인

워싱턴특파원 **장재순**

드라마틱했던 2016년 미국 대선을 지켜본 필자에게 도널드 트럼프Donald Trump 대통령 관련 기사를 쓰는 일은 정말이지 난제가 아닐 수 없다. 이는 특정한 이슈가 한번 머리에 입력되면 그 이슈가 나올 때마다 같은 말을 무한 반복하는 트럼프 대통령의 특징에 기인한다.

트럼프 대통령의 단순하고 반복적인 메시지 전달 기법이 그를 뽑아준 저소득 백인 유권자들에게는 강하게 어필했을 수 있다. 하지만, 기자 입장에서는 같은 말을 계속해서 기사에 인용한다는 게 여간 곤혹스러운 일이 아니다.

한국과 한·미동맹에 관해서 트럼프 머릿속에 입력된 정보는 양국이 체결한 자유무역협정(FTA)이 미국에 손해라는 것과 한국이 주한미군 주둔비용을 더 많이 부담해야 한다는 것이었다. 미국 대통령 선거기간 동안 트럼프 후보는 한·미 FTA를 재앙이라고까지 표현했고, 주한미군 철수 가능성까지 언급했다.

이런 트럼프 대통령의 태도는 그가 취임한 이후로 180도 바뀐 듯 보였다. 한·미 FTA, 주한미군 주둔비용 문제에 관해 한마디도 하지 않고, 한국 얘기가 나오면 동맹은 강력하며 미국은 계속해서 한국 편에 설 것이라는 대선 당시와 상반되는 말만 반복했다. 전문가들은 한국과의 북핵 공조가 절실한 상황이기 때문에 FTA, 방위비 문제 등은 잠시 미뤄둔 것이라고 판단했다.

우리 정부는 이런 달라진 트럼프의 레토릭에 대해 대선 당시 선거용 발언이었고, 미국 내 한·미 FTA에 대한 긍정적 인식이 확산되고 있다며 아전인수식으로 해석하기도 했다.

트럼프 정부, 한·미 FTA 재협상 의지 확고

2017 Trade Policy Agenda
and
2016 Annual Report
of the President of the United States on
the Trade Agreements Program

Office of the United States Trade Representative

미 대통령의 2017년 무역정책 의제
미 무역대표부 홈페이지에 실려 있는 '미 대통령의 2017년 무역정책 의제' 보고서의 표지. (2017.3.1)

그러나 필자는 FTA에 관한 트럼프 정부의 인식이 전혀 바뀌지 않았음을 직감했다. 2017년 2월 14일, 에드윈 퓰너 Edwin Feulner 헤리티지재단 설립자를 인터뷰했을 때였다. 트럼프 대통령의 핵심 측근이자 정권인수위 선임고문을 지내기도 했던 퓰너 전 재단 이사장은 인터뷰에서 미국 내 다른 오피니언 리더들과 마찬가지로 한·미동맹의 중요성을 역설했다. 하지만 FTA에 대해서는 단호했다. 발효

5년이 지난 지금이 재검토를 해야 할 시점이라는 얘기였다. 재협상을 의미하냐는 질문에 재협상이라면 재협상일 수 있다고 했다.

인터뷰 이후 필자는 상무부, 무역대표부 등의 웹사이트를 체크하면서 미 정부의 대외 통상 관련 움직임을 주시했다.

2주가 지난 3월 1일, 미국의 통상정책과 외교정책에 관한 의회와 정부의 동향을 제공하는 '넬슨리포트(The Nelson Report)' 정보지를 읽다가 미 무역대표부가 "미 대통령의 2017년 무역정책 의제"라는 보고서를 냈다는 내용을 접했다.

귀가하자마자 바로 미 무역대표부 홈페이지를 조사했다. 첫 페이지에 대문짝만하게 "President Donald Trump's 2017 Trade Policy Agenda"라는 보고서가 떠 있었다. 335쪽에 달하는 방대한 보고서에서 한국 부분을 찾았다.

한·미 FTA 재검토 언급한 첫 공식문서

보고서는 "오바마 정부 기간 이행된 최대의 무역협정인 한·미 FTA는 미국의 대 한국 무역적자의 극적 증가와 일치했다."며 "이는 미국인들이 기대한 결과가 아니었다."고 했다. 정부 보고서치고는 이례적으로 강한 어조였다. "무역협정에 대한 접근법을 심각하게 재검토할 시점"이라는 말도 했다.

> "The largest trade deal implemented during the Obama administration-our free trade agreement with South Korea - has coincided with a dramatic increase in our trade deficit with that country. [...] this is not the outcome the American people expected from that agreement. [...] the time has

come for a major review of how we approach trade agreements."[13]

정부 공식 보고서에서 이처럼 강하게 재협상을 시사한 건 처음이었다. 다행히 보고서 내용을 기사화한 곳은 내 · 외신을 통틀어 한 곳도 없었다.

워싱턴 국문팀과 국제부에 바로 관련 내용을 넘기고 기사를 작성했다. 먼저 한 줄짜리 긴급기사를 보내고 계속해서 업데이트를 해나갔다. 국문팀도 주요 기사로 다루며 종합2보까지 내보냈다.

기사의 파장은 매우 컸다. 주무 부처인 정부세종청사에 있는 산업부의 무역정책 당국자가 "난리가 났다."는 반응을 보였다고 산업부를 출입하는 영문 경제뉴스부 김보람 기자가 전해줬다. 이 기사 때문에 산업부에서 "많이 아파한다."고 전해달라는 말도 했다. 그러나 대외적으로는 보도 참고자료를 내고 미 정부가 매년 통상적으로 내는 보고서이고, 최종본이 아닌 초안이라면서 애써 의미를 축소했다.

그러나 취임 100일을 맞아 트럼프 미 대통령이 2017년 4월 27일 가진 로이터 통신과의 인터뷰에서 이러한 기대는 곧바로 무너졌다. 이 인터뷰에서 트럼프는 한 · 미 FTA가 끔찍(horrible)하다며 재협상(renegotiate)하거나 아예 종료(terminate)시키겠다고 표현하기도 했다.

한 · 미 FTA 재협상을 언급한 미국 정부의 첫 공식문서에 대한 발굴 보도는 우리 언론에 상당한 반향을 일으켰다. 다음날 주요 일간지, 경제지, 영자지의 1면을 장식한 이 기사는 한 · 미 간 무역마찰에 대비해야 한다는 국내외 여론을 환기하는 데 일조했다는 측면에서 상당한 의미가 있다.

---

13) USTR, "2017 Trade Policy Agenda and 2016 Annual Report", Chapter I, The President's Trade Policy Agenda, march 2017, p.6.
https://ustr.gov/sites/default/files/files/reports/2017/AnnualReport/AnnualReport2017.pdf, 2017년 6월7일 조회.

PART 3

한국을 바라보는 창

외국어 기사, 과연 지구 어디까지 다다를까?
연합뉴스, 외신기자에게 '탄광의 카나리아' 역할
통신 기사의 모범: 속도와 정확성
"영어 기사, 정보주권 수호 역할하고 있다"
이스라엘과 '통상마찰' 빚을 뻔한 영어 기사

PART 3

외국어 기사,
과연 지구 어디까지 다다를까?

영문뉴스부 오석민

외교부를 출입하던 2012년, 우리나라가 허리케인 피해를 입은 세인트빈센트 그레나딘에 원조를 보낸다는 보도자료가 나왔다. 구글 검색을 통해서야 이곳이 카리브해의 작은 섬나라라는 걸 알았고, 신기해 하며 짧은 기사로 처리했다. 그런데 다음날 아침 두 통의 영문 이메일을 받았다.

이 나라의 야당의원 '패트릭'이라는 사람은 허리케인으로 피해를 보았다는 정보를 어디서 입수했는지, 피해 규모 산출은 누가 했는지, 원조는 어떤 방식으로 언제 진행되는지를 물어왔다. 본인 소개가 없는 또 다른 이메일은 분노로 가득 차 있었다. "곤살베스는 그 돈을 정치적인 목적으로 다 써 버릴 거고… 양국 외교부에서 서로 짜고 돈을 다 빼돌릴 거다. 뭘 좀 알아보고 기사를 써라!"

검색으로 알아보니 곤살베스는 이 섬나라의 총리였다.

"연합뉴스 외국어서비스는 전 세계인을 대상으로 한다."는 회사, 그리고 선배들의 이야기가 불현듯 떠올랐다. 사실 지구 반대편에 위치한 이름 모를 나라에서 필자가 쓰는 영어기사를 읽고 있을 거라고는 꿈에서도 상상하지 못한 일이었다.

마치 절에서 졸고 있다가 죽비로 한 대 얻어맞은 기분이었다. 짧은 단신을 쓰더라도 팩트를 전달하는 데 부족함이 없어야 한다는 기본적인 기사작성 원칙을 되새기는 기회가 되었다.

기사를 쓰는 일이 요리하는 것과 비슷하다 싶을 때가 많다. 간단한 음식 하나를 위해서도 장보는 일부터 재료 손질, 조리에 이르기까지 어느 하나 쉬운 과정이 없다. 때론 인터넷을 수십 번 검색하기도 한다. 3년차 초보기자라 필자가 쓴 기사를 요리에 비교하자면 마치 식탁에 음식을 내려놓고 뒤돌아보면 싱크대는 늘 어수선하고 정리되어 있지 않다는 생각이 든다.

전 세계 독자들에게 실시간으로 한국의 소식을 전하는 일이 생각보다 녹록지는 않다. 각기 다른 가치 판단의 기준을 가진 이들을 만족시킬 수 있도록 기사의 경중을 따지는 것도 쉽지 않다. 한국인으로서 비판적인 국내 이슈를 기사로 써야할 때는 팔이 자꾸 안으로 굽어 고민스럽다. 또 외국어뉴스 서비스에 대한 국내 취재원들의 이해도가 높지 않아 어려움이 있는 것도 사실이다.

2001년부터 인터넷으로 전 세계를 대상으로 영어서비스를 시작한 연합뉴스 외국어뉴스는 이제 청·장년기를 지나고 있다. 잘 자라온 만큼 더욱 반듯하고 번듯한 어른으로 성장시키는 데 한몫 거들어야 할 텐데. 필자가 과연 선후배, 동료들이 그래왔듯 한결같은 정성과 노력을 기울일 수 있을까하는 생각이 늘 머릿속을 떠나지 않는다.

PART 3

연합뉴스, 외신기자에게
'탄광의 카나리아' 역할

: 포스터 클루그 AP 서울지국장 인터뷰

영문뉴스부 **강윤승**

"연합뉴스는 한국의 외신 기자들에게 탄광의 카나리아 같은 존재입니다. 연합의 정확하고 신속한 보도는 우리들에게 없어서는 안 됩니다."

포스터 클루그Foster Klug AP 서울지국장은 국가기간뉴스통신사 연합뉴스를 '탄광의 카나리아'에 비유하며 이와 같이 밝혔다. 깊숙한 탄광에서 공기의 상태에 제일 먼저 반응해 광부들에게 도움을 주는 카나리아의 모습이, 외신기자들에게 신속하게 의제를 던져주는 연합뉴스의 모습과 흡사하다는 것이다.

올해 16년째 AP에서 근무하는 클루그 씨는 미국 애리조나주, 워싱턴주 등을 거쳐 2010년에 서울지국 뉴스에디터로 취임 한 후 2014년부터 지국장으로 근무하고 있다.

대한민국의 눈부신 경제 발전, 남북 간의 긴장과 대립을 몸소 경험한 그는 한국 소식을 외국에 알리는 데 연합뉴스는 중요한 '파트너'라고 강조한다. 클루그 지국장은 "연합뉴스는 남한과 북한,

양쪽을 취재하는 데 필수적이며 매우 중요하다."며, 그 때문에 AP는 항상 연합뉴스와 같은 건물에 입주하려 한다고 덧붙였다.

연합뉴스, 북한 소식의 강자

그는 한국에서 연합뉴스만큼 인력을 잘 갖추고, 경험이 많은 언론사는 없다고 강조했다. 조선중앙TV뿐 아니라 각종 북한 매체를 실시간으로 모니터링하고, 이를 바탕으로 작성한 연합뉴스 영어 기사의 경쟁력은 막강하다는 것이다.

"AP도 수신 계약을 맺고 있는 조선중앙TV발 소식은 연합뉴스와 동등하게 경쟁을 할 수 있을지 모르겠습니다. 하지만 몇몇 경우를 제외하고는 연합뉴스를 통해서만 접할 수 있는 북한 소식도 많이 있습니다."

클루그 지국장의 지적처럼 전 세계가 주목하는 북한의 미사일 발사 혹은 핵실험 관련 속보와 후속기사를 외신들이 "연합뉴스 발"로 앞 다투어 보도하는 일은 다반사다.

실제로 한국 주재 외신이 특정 한국 매체를 인용해 보도하는 경우는 드물어도 영어를 포함한 6개 외국어로 신속하게 보도를 하는 연합뉴스를 "reported Yonhap News Agency(연합의 보도에 따르면)"라고 직접 인용하는 경우는 의외로 많다.

이는 연합뉴스가 지난 세월 동안 국내외 언론사를 포함한 독자들로부터 높은 신뢰를 쌓아왔기 때문에 가능한 일이다. 클루그 지국장은 기자로서 다른 매체를 인용하는 것이 비록 자존심 상하는 일이어도 독자적으로 취재원을 확보하기 전까지는 연합뉴스를 인용할 수밖에 없다고 강조했다.

상생하는 두 통신사

클루그 지국장은 영어 기사를 포함한 연합뉴스의 외국어서비스가 북한뿐 아니라 전반적으로 한국에 대한 이해도를 높이는 데 도움이 되고 있다고 말했다. 또 이를 바탕으로 더욱 깊이 있는 취재를 한국에서 할 수 있다고 덧붙였다.

그는 AP에서 장문으로 보도한 형제복지원 사건을 예로 들었다. 비록 기사는 AP기자들이 오랜 기간 취재를 해서 나온 거지만, 사건의 존재 자체는 연합 기사를 통해 알게 됐다고 했다. AP는 1975~1987년 부산에 있던 부랑인 수용소인 형제복지원에서 이루어졌던 인권유린이 "알려진 것보다 훨씬 잔인하고 널리 퍼져 있었다."고 보도하면서 파장을 일으켰다.

한편 클루그 지국장은 한국의 정부 부처 취재에서 외신의 접근이 다른 나라에 비해 상대적으로 너무 제한적이라며, 동등한 접근의 기회를 주는 것이 결국 모두에게 혜택을 주는 방법이라며 아쉬움을 드러내기도 했다.

다만 외신이 접근하기 어려운 출입처에서 나오는 정보를 연합뉴스가 신속하게 제공해 주는 것은 큰 도움이 된다고 덧붙였다. 한국에서 가장 넓은 취재망을 가진 연합뉴스가 정부 부처는 물론 산하 기관과 외국인 취재진의 가교역할도 수행하고 있음을 인정한 셈이다.

국가기간뉴스통신사라는 연합뉴스의 법적 지위와 공적 역할에 대해 클루그 지국장은 "공적기능을 수행하기 위해서라면 뉴스의 선별 과정에서부터 투명성과 공정성이 선행돼야 한다."고 전제하면서 연합뉴스가 조합 형태로 운영되는 AP보다는 프랑스의 AFP와 닮은 점이 많다고 지적했다.

그는 AP의 경쟁사이기도 한 AFP에 대해 "흠 잡을 데 없는 뉴스통신사라고 생각한다."고 평가하며 "연합뉴스도 AFP와 같은 공정성을 유지한다면" 공영 언론사로서의 명성을 잃지 않고 그 역할을 다할 수 있을 것이라는 의견을 내놓았다.

연합뉴스 본사 사옥에 입주한 AP, 교도통신 서울지국.

세계 최대 뉴스통신사인 AP는 비영리법인 형태의 가맹회원사 협동조합 체제로 운영되며 일본의 교도 통신 또한 이 모델을 따르고 있다. 일부 옛 공산권 국가의 경우, 국가가 지배하는 관영 뉴스통신사들이 존재하지만 연합뉴스의 경우 프랑스의 AFP를 모델로 한 공적지배구조를 가지고 있다.

특히 AFP의 법적 지위와 공적기능을 규정한 1957년 법률은 "보도의 정확성과 공정성을 침해하는 어떠한 형태의 간섭도 배격하고 이데올로기, 정치, 경제 집단으로부터 독립적"이며, "프랑스와 해외에 정확하고 균형 잡힌, 그리고 신뢰성 있는 정보를 지속적으로 보도하고, 이를 위해 전 세계를 대상으로 한 보도조직을 구축하고 있어야 한다."는 것을 의무사항으로 적시하고 있다.

연합뉴스가 수행하는 공적기능 또한 이와 유사하다고 할 수 있다. 연합뉴스는 외국어서비스를 비롯해 지방취재본부 및 해외 취재망을 24시간 가동하며 공적기능이 아니면 할 수 없는 분야의 임무를 수행하고 있다.

이와 관련해 클루그 지국장은 미국의 소리(Voice of America, VOA)도 정부와 직접적인 연관을 지니고 있으나, 여전히 신뢰를 받는다고 강조했다. 워싱턴에 본부를 둔 VOA는 미국 연방정부가 운영하고 있으며, 한국어를 포함한 43개 언어로 서비스를 제공하고 있다.

연합뉴스 영어서비스의 경쟁력

클루그 지국장은 특히 연합뉴스의 영어 기사가 한국 영문 매체의 발전에 큰 기여를 했다고 말한다.

클루그 지국장은 앞으로 연합뉴스 영어서비스가 더욱 넓은 분야의 소식을 생생하게 전달해 주길 희망한다고 덧붙였다. 그는 한국에 거주하는 외국인 커뮤니티에서도 연합뉴스가 매우 신뢰도 높은 매체로 자리 잡고 있으며, 많은 사람이 스마트폰 등을 통해 연합뉴스의 외국어기사를 접하고, 이를 통해 다양한 정보를 얻는다고 말했다.

클루크 AP 서울지국장은 한국소식을 접할 때 해외 매체들은 연합뉴스를 가장 중요한 정보원으로 사용하는 경향이 있고, 이에 따라 연합뉴스 보도를 바탕으로 한 기사를 읽는 것은 외국인들에게 매우 익숙한 모습이라고 설명한다.

연합뉴스의 강력한 속보 및 스트레이트성 기사 이외에 최근에 늘어나고 있는 심층 취재 기사들도 연합뉴스가 추구해야 할 분야라고 클루그 지국장은 덧붙였다. "한국어 기자들에 비해 수가 적기 때문에 (연합뉴스 영문 기자들이) 심층 취재 기사를 쓰기 어려운 환경이란 것을 이해합니다. 하지만 그러한 상황에서도 훌륭한 기사들이 나오고 있습니다."

연합뉴스 영어서비스는 늘어나는 영어기사 수요에 맞추어 최근 피처, 포커스, 인터뷰 등 소위 '호흡이 긴' 기사를 늘려가고 있다. 클루그 지국장은 어려운 환경에서도 그러한 움직임은 장려돼야 한다고 말했다.

"물론 심층 취재 기사는 시간과 돈, 그리고 막대한 역량이 듭니다. 하지만 기자라면 적어도 심층 취재 아이템 한두 개는 가지고 있어야 한다고 생각합니다."

이미 해외에서도 인정받고 있는 한류와 한국 전통문화, 그리고 역동적인 한국의 연예산업에 대한 기사들도 외국인들에게는 여전히 흥미로운 주제라고 클루그 지국장은 강조한다. 더불어 그는 뉴미디어시대에 맞추어 앞으로 연합뉴스가 나아갈 방향에 대한 조언도 아끼지 않았다.

AP 역시 뉴스통신사로의 명성을 쌓아왔으나 이제는 기사 내용은 물론, 시각적인 부분에서도 신경을 쓰기 시작했다는 점도 강조했다. "독자가 기사를 클릭하면 텍스트, 사진, 그리고 동영상 모두를 볼 수 있게 만드는 게 목표입니다. AP는 독자들이 가장 먼저 클릭하고 싶은 콘텐츠를 만들도록 노력하고 있습니다."

연합뉴스의 경쟁력을 이야기하며 클루그 지국장은 연합뉴스의 인력 양성 방식을 배우고 싶다고도 했다. 그의 이야기에 따르면 연합뉴스의 경쟁력이 단지 많은 기자 숫자에서 나오는 것은 아닐 거라며 연합뉴스의 기자 양성 프로그램에 호기심을 드러내기도 했다. 그래서인지 실제 AP 서울지국에 연합뉴스 영문뉴스부 출신 기자들도 몇몇 근무하고 있다.

PART 3

통신 기사의 모범:
속도와 정확성

: 아와쿠라 요시카츠 교도통신 서울지국장 인터뷰

영문뉴스부 남상현

최근 한류열풍뿐만 아니라 북한의 핵개발 등 동북아 정세와 관련된 뉴스에 관심이 커지면서, 자연스레 영어 이외의 언어로 작성된 뉴스의 수요도 폭발적으로 늘어나고 있다.

이에 따라 주요 신문사들을 포함한 각종 매체들도 앞 다투어 외국어 사이트를 개설해 외국 독자들을 끌어 모으려 하고 있다.

연합뉴스 역시 한글 기사를 그대로 전달하는 데서 탈피해 각 지역의 독자들이 원하는 내용을 직접 취재하고, 이를 다양한 언어로 서비스하는 노력을 지속하고 있다.

신뢰성 높은 연합뉴스

흔히 말하는 정보의 홍수 속에서, 교도통신 서울지국장 아와쿠라 요시카츠^{粟倉義勝} 씨는 통신의 생명인 '속보'와 '정확성'을 두루 겸비한 연합뉴스의 역할이 앞으로 더욱 커질 거라고 전망했다.

"교도 서울지국에서 일본 본사로 기사를 송고하면, 그곳에서 연합뉴스 기사를 확인하고 다시 한 번 사실 관계를 파악합니다. 한국어를 하는 직원들이 있을 때는 (연합뉴스) 한국어 뉴스도 보지만, 그렇지 못할 경우에는 일본어와 영어 기사에 의존합니다. 혹시라도 송고된 기사에서 뉘앙스가 다를 경우 본사에서 연락이 옵니다. 그만큼 연합뉴스에 대한 신뢰도가 높은 거죠."

아와쿠라 지국장은 교도통신 본사 외신부에 약 30여 명이 근무하지만, 그 중에서 한국어에 능숙한 사람은 서너 명에 불과하다고 했다. 그래서 연합뉴스의 외국어 서비스에 상당 부분 의지할 수밖에 없으며, 그렇게 높은 신뢰를 갖게 된 배경에는 타의 추종을 불허하는 연합뉴스만의 신속함과 정확성이 있다는 것이다. 한국에 주재하는 일본인 기자들에게 연합뉴스의 한국어와 일본어 서비스는 막강한 정보원인 셈이다.

PC와 스마트폰으로 누구에게나 열려있는 연합뉴스의 6개 외국어 서비스는, 서울 주재 외신 지국장들이 한국에서 벌어지는 일을 신속하게 확인할 수 있도록 도와준다.

"저는 늘 연합뉴스 일본어 트위터 계정을 확인하고 있습니다. 새로운 소식이 나오면 놓치지 않죠. 오히려 한국어 기사 트위터 메시지는 양이 너무 많아서 일일이 다 확인을 못하지만 일본어판은 꼭 봅니다. 특히 늦은 저녁에도 혹시 일본과 관련된 소식을 놓친 게 없는지 확인합니다."

연합뉴스의 가장 큰 설립 이념 중 하나는 정보주권의 수호와 정보격차의 해소이다. 외국어뉴스나 지방뉴스 서비스는 수익성만을 가지고는 도전하기 힘든 분야이나, 연합뉴스는 늘 투자를 아끼지 않고 그 누구에게나 신속하고 정확한 뉴스를 제공하려고 노력한다.

교도통신의 경우 회원사들의 조합 형태로 운영되는 뉴스통신사라는 점에서 국가기간뉴스통신사의 지위를 가진 연합뉴스와 지배구조 측면에서 차이점이 있다.

아와쿠라 지국장은 연합뉴스가 가진 공영언론으로서의 지위가 한국 정부 부처 또는 공공기관발 보도의 정확성과 높은 신뢰성을 보장하고 있다고 평가했다.

"사실 국가기간통신사라는 개념이 저희에게 익숙하지는 않습니다. NHK는 정부 지원을 받지만 교도통신은 정부로부터 독립돼 있습니다. 반면에 연합뉴스는 국가가 인정하는 뉴스통신사라는 뜻에서 완전히 신뢰할 수 있습니다. 왜냐하면 연합뉴스가 정부 당국자를 인용해 기사를 보낼 경우, 우리는 이를 한국 정부의 공식 입장에 가깝다고 생각합니다. 한국의 주요 신문사들 역시 높은 신뢰성을 지니고 있기는 합니다만 때로는 의도를 가지고 기사를 작성한다는 게 눈에 보일 때도 있습니다."

아와쿠라 지국장은 그런 이유에서라도 한·일 외교관계, 혹은 대한민국의 정책 방향에 관한 보도는 특히 연합뉴스를 반드시 따라갈 수밖에 없다고 강조했다.

다만 교도통신의 경우 정부로부터의 독립을 설립 초기부터 강조해 왔다고 말했다.

그는 교도통신사 사규를 펼쳐 보이며 교도의 편집 강령이 "세계의 평화와 인류의 행복을 염원하는 뉴스활동을 한다. 교도통신은 국민의 관심을 갖는 진실을 정확하고 신속하게 발신한다."라고 되어있음을 강조했다.

"중요한 것은 정확성"

아와쿠라 지국장은 연합뉴스는 높은 신뢰도와 함께 속보 역시 경쟁사들보다 빨라 뉴스통신사로서 모범을 갖추었다고 이야기하면서도, 좀 더 깊이 있는 뉴스를 보내기 위한 노력도 게을리해선 안 된다고 조언했다.

연합뉴스 일본어뉴스 서비스 트위터 계정.

　"지금까지 연합뉴스에서 나오는 이야기가 빗나가는 경우는 없었습니다. 중요한 것은 정확성이기도 합니다. 예를 들어, 정부 방침 발표는 시간을 조금 두면 어차피 나옵니다. 물론 연합뉴스가 뉴스를 빨리 송고해서 저희로서는 편하지만, 저널리즘에서 단지 속도만이 중요한 것은 아닙니다. 폭넓은 분야에서, 빠르게, 어디서 어떤 일이 생겼는지 송고하는 게 뉴스통신사의 실력이라고 생각합니다."

　아와쿠라 지국장은 정확하고 친절한 기사가 뜻하지 않는 오해를 방지할 수도 있다고 했다. 이는 독도 관련 기사와 같이 여러 부분에서 마찰을 빚을 수밖에 없는, 특히 한국과 일본관계에서 더 중요하다고 말했다.

　"연합뉴스처럼 완전한 사실에 중심을 두고 주변 나라에 뉴스를 송고하는 것은 상호 이해에도 큰 도움이 됩니다. 최근 일본에서 혐한嫌韓 감정이 많아지고 있습니다. 특히 인터넷 공간에서 한국과 중국에 대한 인식이 점점 악화되고 있습니다. 얼마 전 오사카에서 일어난 와사비 테러 사

183

건을 두고도, 일본 네티즌들 사이에서는 '너희들이 오지 말았어야 했다. 속 시원했다.' 이런 (극단적인) 반응도 나오고 있습니다."

일본의 한 초밥집에서, 요리사가 고추냉이(와사비)를 많이 넣은 초밥을 외국인들에게 제공하고, 손님들이 고통스러워하면 이를 비웃기도 했다는 사건을 두고 지적한 것이다.

예전에는 한국 매체들이 한국 소식을 군이 일본어로 번역해 송고하지 않는 이상 알 수 없었던 소식들을, 이제는 일본 독자들이 인터넷으로 (한국 언론이 내보내는 일본어기사를 통해) 더욱 쉽게 접근할 수 있다고도 말했다.

"일본 네티즌들은 한국의 주요 신문사들이 제공하는 일본어 뉴스사이트를 많이 보는데, 특히 한·일 관계 과거사를 비판하는 기사에 댓글을 많이 답니다. 결국, 한국인만 알 수 있는 표현을 그대로 쓴, 정제되지 않은 일본어 뉴스는 일본 네티즌의 부정적인 인식을 증대시키는 원인으로 작용하기도 합니다."

균형 잡힌 기사의 중요성

아와쿠라 지국장은 지나친 애국주의는 부작용을 불러일으킬 수 있으며, 일부 한국 매체에서 운영하는 일본어 서비스의 경우, 일본 사람을 자극하기 위한 게 아닌가 싶을 정도로 오해를 살 만한 기사를 많이 내보낸다고 했다. 즉, 양국 간 민감한 사안의 경우, 한국어 뉴스를 일본어로 옮길 때 보도의 균형에 더욱 신경을 써야 한다는 것이다.

"예를 들어, 한반도에 대한 일본의 식민 지배를 전혀 모르는 일본 사람이 실제로 많은데, 그런 역사적 배경 지식이 없는 상태에서 한국 매체가 일본어로 내보내는 기사를 접하게 되면, 오히려 이제 와서 무슨 소리냐고 되물을 수 있습니다. 그런 면에서 연합뉴스 일본어 서비스는 감정적으로 접근하지 않고, 사실 위주로 보도하고 있어 인상적입니다."

그는 충분한 배경을 설명하는 것은 과거사뿐 아니라 다른 뉴스에서도 중요하며, 그러지 못할 경우 현지 독자들로부터 외면 당할 수밖에 없다고도 했다.

"예를 들어, 한국 매체들은 [최순실 사태]와 같은 형태로, 무슨 사건이라고 이름(슬러그)을 붙이고 기사 제목을 다는 경우가 많은데, 그럴 경우 배경 지식이 없는 외국인들이 따라가기는 무척 힘듭니다. 그런 부분에서는 일본 매체가 더 친절하다고 봅니다. '박근혜 씨의 오랜 친구이던 최순실 씨가 국정에 개입했다고 한국 검찰이 밝혔다'는 식의 설명을 꼭 붙여서 내보냅니다."

아와쿠라 지국장은 국가기간통신사로서 연합뉴스의 신뢰도를 높이 평가하면서도, 기자 개개인에게 주어지는 자율성 역시 중요하다며 독도 분쟁을 예로 들었다.

"교도통신의 경우 독도 표기를 '다케시마(한국명 독도)'라고 병기하고 있는데, 시마네현 지방신문들은 왜 한국이름까지 괄호 안에 넣어서 쓰냐고 항의하는 주민이 있다고 주장했습니다."

아와쿠라 지국장은 독도 이름을 병기하고 있는 서울지국과 달리 본사 일부 부서에서는 한국명 '독도'를 생략하고 '다케시마'만 쓰면서 국수주의적 성향을 드러내는 경우도 있다고 하며 다음과 같이 지적했다.

"본사 정치부에서는 '한국이 불법으로 점령하고 있다'는 표현도 쓰고 있습니다. 회사 내에서도 부서마다 쓰는 스타일이 다릅니다. 교도통신의 경우 국익을 위해서 일을 해야 한다는 걸 회사에서 지시하지는 않습니다. 기자 개개인이 자기 양식에 따라 알아서 쓰면 됩니다."

PART 3

"영어 기사,
정보주권 수호 역할하고 있다"

: 이영주 기획재정부 외신대변인 인터뷰

영문경제뉴스부 **김보람**

기획재정부는 우리나라의 거시경제정책을 입안하고 실행하는 부처로서 예산과 조세, 재정 등 거의 모든 경제 분야를 망라하고 있다.

그런 이유로 우리나라의 모든 경제 주체는 기재부의 사소한 정책 변화에 민감할 수밖에 없을 뿐만 아니라 정부 부처 가운데 출입 기자단의 규모가 가장 크고 하루에도 수십여 건의 기사가 쏟아져 나오는 부처이다.

경제 부총리의 말 한마디, 기재부 차관의 말 한마디에 시장은 출렁이고, 기재부의 움직임은 기업과 가계의 투자, 소비 계획에도 영향을 미친다.

우리나라에 투자한 개인이나 기업들이 점차 많아지면서 외국에서도 기재부의 정책이나 액션에 귀를 기울이고 있다는 점에서 영어 뉴스에 대한 수요는 당연히 증가 추세를 보이고 있다.

외신 가운데 로이터와 블룸버그, AP도 기재부에 출입 기자를 보내고 있으며, 특히 로이터는 세종시에 상주 기자를 두고 매달 나오는 산업활동 동향이나 소비자물가 동향을 기사로 처리한다.

기재부의 주요 정책들은 뉴스통신사 외에도 월스트리트저널이나 파이낸셜 타임스 같은 영·미권 경제전문 일간지부터 주간지인 이코노미스트까지 관심을 두고 있다.

연합뉴스, 외신의 1차 취재원

이영주 기재부 외신대변인은 기재부에 출입기자가 없는 타 외신 매체들은 연합뉴스 영어서비스를 통해 기사를 접하고 "연합뉴스의 보도 내용을 확인해 달라는 문의를 많이 하고 있다."고 밝혔다

그는 "연합뉴스 외국어 서비스가 언어적 한계가 있는 외신이나 해외투자자에게 정확한 뉴스를 제공한다는 점은 긍정적 효과가 있다."고 말한다. 특히 하루에 수 건에서 수십 건씩 쏟아져 나오는 기재부와 산하기관 보도자료를 모두 영어로 내보낼 수 없기 때문에, 주요 기사의 대부분을 영어로 기사를 내보내 주는 연합뉴스 영어서비스를 중요하게 생각할 수밖에 없다고 강조한다.

정보주권 수호의 첨병

이 외신대변인은 "외신의 경우 한국정부의 한글 보도자료를 원문 그대로 인용할 수 없는 경우가 많아 실제로 연합뉴스 영문기사를 보고 거꾸로 기재부에 문의해 오는 경우가 많다."고 밝혔다.

그래서 기재부 대변인실에서는 영문 보도자료가 배포되지 않으면 외신에서 영어자료 요청시 (해당 연합뉴스 영문 기사를) 참고하도록 안내한

다고 한다.

　사정이 이렇다 보니 기재부에서는 실시간으로 제공되는 연합뉴스 영어서비스가 제공하는 기사를 중점적으로 챙길 수밖에 없다. 이 외신대변인에 따르면 기재부에서는 연합뉴스 영어서비스 외에 다른 국내 외국어 매체를 거의 참고하지 않는다고 한다.

　이 외신대변인은 이 점에서 연합뉴스의 외국어 뉴스가 국가 정보주권 수호 매체로서 중요한 역할을 하고 있다며, 그러한 역할을 좀 더 강화할 필요가 있다고 강조했다.

　그러기 위해서는 영문 기사의 정확성을 높이는 것은 물론, 기사 작성의 범위를 한글 뉴스가 커버하는 수준까지 확대할 필요가 있다고 제안했다.

　이 외신대변인은 "(연합뉴스 영어서비스를) 외신들이 인용해서 보도하는 횟수가 더 많아져야 할 것"이라면서 "경제 분야든 다른 분야든, 한글 서비스 수준의 정보제공이 장기적으로 이루어져야 한다고 생각한다."고도 말했다.

　그러면서 그는 필요한 경우 영어 자막이 있는 영상 뉴스를 제공하는 것도 좋은 방법이라고 귀띔했다.

PART 3

이스라엘과 '통상마찰'
빛을 뻔한 영어 기사

: 서지연 산업부 외신대변인 인터뷰

영문경제뉴스부 **김보람**

통상과 에너지 정책을 주관하는 산업통상자원부에서는 부처 특성상 홍보가 매우 중요하다.

관련 정책 하나에 외국의 투자자, 수출업자, 기업 등 수많은 관계자의 이해가 엇갈리기 때문에 영어로 정책을 알려주는 서비스는 산업부의 주요 대외 업무 중 하나이기도 하다. 하지만 하루에 수십 건씩 쏟아지는 모든 보도자료를 영어기사화 하는 데는 한계가 있다.

서지연 산업부 외신대변인은 여기에서 연합뉴스 영어서비스의 강점이 발휘된다고 말한다. 연합뉴스는 영어 뉴스를 제공하는 국내 유일의 뉴스통신사이다. 연합뉴스의 영어 기사는 와이어를 타고 실시간으로 각 계약사에 전달되고 구글에서도 검색된다.

서 외신대변인은 "연합뉴스 영어서비스의 경우, 기자를 산업부 출입기자단에 보내 취재 현장에서 주요 정책을 커버해 주기 때문에, 큰 틀에서 보면 정책의 이해도를 높이는 데 많은 도움을 준다고 생각한다."며 "산업부의 주요 정책을 공신력 있는 연합뉴스 영어서비스가 커버해서 구글에 노출시켜 줌으로써, 글로벌 정책 효과를 기대할 수 있어 긍정적"이라고 말했다.

기사 때문에 통상마찰?

얼마 전에는 연합뉴스 영문 기사 때문에 이스라엘과 '통상 마찰'이 생길 뻔해 산업부에서 가슴을 쓸어내린 적이 있다.

산업부는 2016년 6월 이스라엘 경제부와 한국·이스라엘 산업연구개발재단 이사회를 개최하고 수륙양용 상업용 무인기와 빅 데이터를 활용한 포도 재배 시스템을 공동 개발하기로 하고, 조간용으로 보도자료를 배포했다.

당시 이스라엘 현지에서 회담이 열리기 전에 기사가 나갔는데, 이스라엘 정부 측 대표가 구글에서 해당 연합뉴스 영문 기사를 발견하고 회담 시작 전에 내용이 유출됐다고 "통상 마찰"까지 언급하며 한국 측에 항의한 바 있었다.

큰 사안이 아니었고, 연합뉴스 영문 기사가 엠바고를 어긴 것도 아닌데다, 사실관계가 틀린 것도 아니어서 해프닝으로 끝나긴 했지만, 연합뉴스 영어서비스의 파급력을 실감케 하는 사건이었다. 그런 이유에서라도 산업부는 연합뉴스 영어 기사를 꼼꼼하게 챙긴다고 서 대변인은 전한다.

외신홍보팀에서는 매일 〈Daily Foreign Media Monitoring〉을 제작해서 내부 자료로 배포하는데, 여기에는 한국 관련 외국 언론 뉴스뿐만 아니라 글로벌 통상 이슈와 에너지산업 관련 기사, 그리고 각 기관에서 발행하는 보고서나 저널 등도 취합한다. 한국에서 생산되는 영어 기사 중 연합뉴스 영어서비스뿐만 아니라 코리아헤럴드, 코리아타임스 등의 영자신문 뉴스도 주요 모니터링 대상이다.

서 대변인은 "산업부와 관련된 키워드 검색에 걸리는 연합뉴스 영어 기사는 꼼꼼히 읽어보고 일일 외신 모니터링에 반드시 반영하고 있다."고 밝혔다.

세심한 배려의 필요성

이런 모니터링 과정에서 사실 관계 오류나 해명이 필요한 사안이 발견되면,

산업부 차원에서 담당 기자에게 직접 연락하거나 문서를 통해 수정 요청을 하게 된다.

연합뉴스 영어서비스는 그래서 좀 특별하다. 연합뉴스 영문 기사는 한국 관련 영어 뉴스의 1차 생산자로서 그 영향력이 크고 전파 속도가 빨라, 외신에서 해당 기사를 바로 받는 경우에는 대응이 쉽지 않다고 한다.

서 외신대변인도 "(연합뉴스 영어 기사에서) 사실 관계에 오류가 발견될 경우, 기사 배포 후 타 매체로 나가는 속도가 너무 빨라 대처하기 힘든 부분이 있다."고 하소연한다.

특히 기업 구조조정 등 주요 현안 발생시, 연합뉴스 영어 기사의 사소한 실수도 파급력이 커 산업부에서 수정 요청을 하더라도 그 흐름을 바꾸기가 쉽지 않다고 한다.

인력 부족의 어려움이 있겠지만, 산업부에 출입하지 않는 기자가 배경 지식 없이 기사를 처리하는 것보다 출입기자가 책임감을 갖고 기사를 처리하는 게 연합뉴스 영어 기사의 질을 높이는 길이라고 서 외신대변인은 조언한다.

그러면서 그는 "코리아타임스, 코리아헤럴드 등 내신 영문 매체와의 차별성을 고려할 때 영어뉴스를 내보내는 통신사로서 연합뉴스 영어서비스의 속보성, 정확성은 매우 중요하다."고 말한다.

코리아타임스와 코리아헤럴드에서 기자 생활을 경험한 서 외신대변인은 세계적인 산업구조 개편 시기에 맞춰 연합뉴스 영어 서비스가 통상이나 에너지 신산업 쪽에 특화된 뉴스 서비스를 제공한다면 좀 더 많이 "읽히는" 뉴스를 만들 수 있다고 제안하기도 했다.

서 외신대변인은 "지금은 산업구조 개편의 과도기 시점으로 글로벌 신산업 동향 등에 대한 수요가 커지고 있다."며 "대외 환경 변화에 따라 산업부 관련 정책 중 통상, 에너지 분야에 특화된 뉴스 제공도 고려해 보면 좋을 거 같다."고 말했다.

외국어 뉴스룸 24시

한반도를 세계와 연결하다

초   판   2017년 6월 15일

발 행 인   박노황
편 집 인   심수화
주   간   김경석

발 행 처   ㈜연합뉴스
주   소   03143 서울시 종로구 율곡로2길25
          www.yonhapnews.co.kr

디자인·인쇄   ㈜나눔커뮤니케이션 02) 333-7136
편집진행   홍수연

정   가   13,000원
구입문의   02) 398-3591, 3593-4
ISBN 978-89-7433-126-9

※ 이 책은 뉴스통신진흥자금으로 저술·출간되었습니다.